迎向超高齡社會的超前部署
——Let's Do ATP!

萬國法律事務所／著

五南圖書出版公司 印行

　　台灣於 2018 年 3 月，已進入「高齡社會」，預估到 2026 年，更將正式邁入「超高齡社會」，即 65 歲以上的人口，將超過台灣總人口數的 21%，換句話說，於 2025 年，台灣大概每 5 人中，即有 1 人是 65 歲以上的高齡者。

　　因此，伴隨著台灣邁入超高齡社會的進程，不僅國家整體的醫療、照護政策，必須妥為調整因應外，有關高齡者相關的法律問題，例如：高齡者的意思能力、醫療、照護、以及財產處理等問題，我們大家都應該認識、思考，並預為準備、規劃。

　　萬國法律事務所自 1974 年創立以來，除持續提供客戶關於醫療照護決定、生前財產管理、身後財產處分等規劃、契約擬訂、監督等服務外，基於台灣將邁入超高齡社會的趨勢下，於 2018 年更進一步成立「超高齡社會法制研究會」，集合對相關議題具有研究或經驗的同仁，投入研究、檢討超高齡社會所伴隨的各項法制議題，並定期舉辦座談會、邀請專家演講等，以從法律專業面，預為充分準備，並藉此提供客戶更為專業及多元的服務。

　　本書為萬國法律事務所「超高齡社會法制研究會」彙集近 3 年來研究的心得，分別從法律規定、實務運作角度，就

醫療面、照護面、財務面及善生面等面向，介紹如何為因應超高齡社會，而進行一個「預立樂活善生計畫」，即 ATP（advance total planning）；並嘗試透過各類案例，解說如何利用各種工具，進行 ATP 的具體規劃，以及說明「律師」於 ATP 的各階段過程，包括規劃面、過程面、結果面及實現面等，所能提供的幫助。希望本書付梓後，除對讀者有所助益外，更能鼓勵大家都會親自實踐、動手做 ATP！

萬國法律事務所創所律師
陳傳岳
2021 年 12 月吉日

　　萬國法律事務所自 1974 年 10 月 7 日成立以來，長期以「心繫公義，實踐法治，服務社會」為目標並付諸實際行動。一路走來，陪著國內、外客戶與台灣社會共同發展成長，協助客戶在不同階段面對各種法律挑戰。不僅在個案中追求正義的實踐，也關注法律制度面與社會脈動之與時俱進，以即時提供更嚴謹、更優質而完善的法律服務。

　　台灣正邁入超高齡社會，萬國法律事務所因應此一趨勢，除積極思考，法律專業應如何幫助、陪伴國人，在邁入晚年的過程中，預先準備、早為規劃財產、預為醫療決定及人身照護等事項，以安穩、自在地開展屬於自己的樂齡生活外，並早於 2018 年成立「超高齡社會法制研究會」，投入研究、檢討超高齡社會所伴隨的各項法制議題，為即將邁入超高齡社會之台灣，預為籌謀策劃。2020 年 7 月萬國法律事務所舉辦「迎向超高齡社會，您更需要律師」研討會，介紹律師得於「醫療決定」、「意定監護」、「信託」、「遺囑」之四大面向提供之規劃與服務，展現豐厚研究成果。

　　本書彙集萬國法律事務所「超高齡社會法制研究會」近 3 年來研究的心得，以高齡者相關議題為中心，從法律規範面的介紹切入，搭配具體個案實例演習，分別在「醫療面」、「照護面」、「財務面」及「善生面」等四個面向，引導讀

者思考及建構屬於自己的「預立樂活善生計畫」（advance total planning, ATP），開啓面對超高齡社會所必須超前部署的第一步。為了幫助讀者更容易跨出規劃的第一步，本書附錄也從法律專業角度，提供各式契約範例，作為讀者進行 ATP 規劃之參考，希望能夠拋磚引玉，喚起各界對超高齡社會議題之關注與重視，以及個人透過預為規劃準備之自我實踐，引領共同面對「超高齡社會」的問題與挑戰。

萬國法律事務所所長
財團法人萬國法律基金會董事長
郭雨嵐
2021 年 12 月吉日

序三　知死有備、樂活善生（Planning Ahead, Living Fully）

　　再生醫學等生命科學的進展，日新月異。美國哈佛大學教授遺傳學者 David Andrew Sinclair 甚於 2019 年 9 月出版「Lifespan: Why We Age, and Why We Don't Have To」乙書，主張「老化」是「疾病」且將可「治療」，人類的壽命將達 150 歲以上，甚至形成沒有老化的世界，進而實現「身體永存」的狀態。另外，未來學者 Ray Kurzweil 提出「技術特異點」（singularity）理論，預言未來的科技，得將腦部所累積儲存的全部資訊，上傳到機器或雲端，進而實現「意識永續」的狀態。是以，伴隨著所謂科技的進展，在未來的世界，或許自古以來人類所追求「不老不死」的狀態，已不再僅是夢想，而逐漸成為現實。

　　不過，「不老不死」的狀態是否於未來得以實現？本人並無能力判定。但可斷定的是，縱使於未來得以實現，但在實現之前，本人應該已經離開人世，而「無緣」利用。再者，如果只是達成「不老不死」的「生命長度」（quantity of life, QOL）延長，而不是「人生品質」（quality of life, QOL）的提升，則本人於主觀上，應該也「無意」利用。

　　與其預想期待未來是否得以「不老不死」？不如實際些，

回到現實當下，基於「會老會死」的前提，就老死的到來，予以「預為準備、超前部署」。如同聖嚴法師所開示：「面對它、接受它、處理它、放下它」。亦即，秉持「面對、接受、處理、放下」的態度，藉由「預立樂活善生計畫」（advance total planning, ATP）的方法，從「健康照護面」、「財務面」及「善生面」，「超前部署、預為準備」老死，並在伴隨老化及死亡到來前，好好珍惜善用有限的生命，享受愉快的生活，完善我們的人生。也就是精進「知死有備、樂活善生」，應是一個值得重視的實踐。是以，藉由本書之說明，邀請大家一起來共學迎向超高齡社會之超前部署，共創共享「知死有備、樂活善生」的共生永續社會。

最後，感謝萬國法律事務所「超高齡社會法制研究會」全體成員，近3年來，立於法律人角度，嘗試從各個面向，持續共學對話、探究檢討，於台灣即將邁入「超高齡社會」進程中，個人所將面臨的課題及得因應的做法，進而彙整心得而出版本書，予以記錄。尤其各執筆者於業務繁忙、工作重荷下，仍然盡心盡力地完成執筆部分，謹致謝意。同時，也藉此感謝曾受邀至本研究會演講指導的醫師、教授及信託等專家，由於您們精采專業的分享，研究會成員就相關議題的理解始得更深入及再提升。

藉由與本書各執筆者之對話，讀者得於迎向超高齡社會的進程中，思考本身所面臨的課題，規劃及實踐符合自己想

法、需求之因應做法，以「預為準備、超前部署」，精進「知
死有備、樂活善生」，則為甚幸！

Let's Do ATP!

黃三榮

2021 年 11 月 24 日

目次

Chapter 4　ATP工具箱 + 案例演習

Chapter 5　ATP規劃執行 + 律師角色

Chapter 6　Let's Do ATP!

附錄　各式契約參考範例

Chapter 1

超高齡社會的到來、課題及因應

台灣已進入高齡社會（aged society），預估將於 2025 年前後，正式邁入超高齡社會（super-aged society）。在此即將邁入超高齡社會的進程中，究竟我們所面臨的課題是什麼？就此等課題，我們又可如何預為準備、超前部署而加以因應？

《聲明》

◎本書所提供內容，並非就特定、個別事件，予以論述說明所涉法律、醫療、照護、財務、生活事務及身後事務處理之專業具體意見及建議。亦不適合直接地適用予特定、個別事件之理解與處理。如有涉及特定、個別事件之具體規劃與處理，建議仍應直接諮詢法律、醫學、財務等相關專家為要，謹此聲明及提醒。

◎另本書論述內容係屬執筆者個人意見，並不代表執筆者所任職萬國法律事務所之立場，併請諒察。

1-1 迎向超高齡社會

　　依照世界衛生組織（World Health Organization, WHO）的定義，全國人口數如果有 7% 以上超過 65 歲，即稱為「高齡化社會」（ageing society）。亦即，朝向高齡社會趨勢發展的社會。而如果全國人口數有 14% 以上超過 65 歲，就稱為「高齡社會」。也就是說，這種狀態的社會，就是一個高齡的社會。進而，如全國人口有 20% 以上人口數超過 65 歲，此時的社會即稱為「超高齡社會」。換句話說，全國人口中，每 5 人即有 1 人是 65 歲以上者，這個社會就是「超高齡社會」。

BOX 1-1　「高齡」？

- 如上述，WHO係以年齡65歲作為區分「高齡化社會」、「高齡社會」、「超高齡社會」之基準。然縱使年齡已達65歲，全部達齡者之身體、心理狀況，其實未必相同，亦不宜畫一視之。宜有所謂年齡、體齡，甚且心齡之區分。並理解、認知年齡、體齡、心齡之每個人差異化為要。

- 本書雖基於前揭WHO以年齡65歲為基準，而稱高齡化、高齡及超高齡。但非謂高齡與否之判斷，僅得以年齡為據，宜需一併留意體齡及心齡的面向。同時宜體察年齡、體齡、心齡之每個人差異化、個別化。

- 再者，雖謂宜一併留意體齡及心齡的面向，但不可諱言，在自然攝理下，年齡的增長，勢必伴隨身體機能的衰退，而致體齡亦漸衰老。從而，隨著年齡漸增長，體

齡漸衰老下，如何在心齡上，能夠努力常保年輕，而非執意抗老（anti-aging），或是值得省思的課題。

　　而根據行政院國家發展委員會（國發會）的統計資料（圖1-1），台灣整個年齡結構在 1993 年時，超過 65 歲以上的人口，已經達到 149 萬人（全國總人口數的 7.1%），即已經進入「高齡化社會」。表示於 1993 年，台灣社會已進入一個高齡化的進程，準備要進入「高齡社會」。而於 2018 年 3 月，統計數字顯示台灣超過 65 歲的人口，已經達到 14.6%，台灣正式進入所謂的「高齡社會」，並且預估將在 2025 年進入「超高齡社會」。如果國發會這個預估是準確的話，到 2025 年時，走在路上碰到的人，5 人之中就有 1 人可能是 65 歲以上的人口，台灣就是一個「超高齡社會」。換言之，「超高齡社會」即將到來……

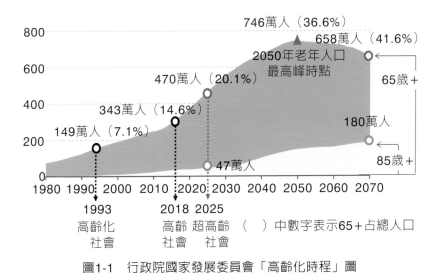

圖1-1　行政院國家發展委員會「高齡化時程」圖

資料來源：https://www.ndc.gov.tw/Content_List.aspx?n=695E69E28C6AC7F3

BOX 1-2 「高齡化社會」、「高齡社會」、「超高齡社會」

　　「高齡化社會」、「高齡社會」、「超高齡社會」如依上述WHO的定義，是有明確區分的。而此區分就共同及一致理解社會當前或正迎向哪一階段的高齡者人數比例之構成，是有助益的。因此，大家一起留意此區分，正確使用合適的用語吧！

1-2 超高齡社會所面臨的課題

　　在邁向超高齡社會的趨勢下，表示未來會有大量高齡者的湧現，在高齡者湧現的情況下，不論是失智者或死亡者均可預期將隨之增加。蓋依據現在的醫學研判，雖有所謂年輕型失智症情形，但大部分失智的症狀，會隨著年齡增長而出現及加劇。其次，大家都說「棺材裡躺的是死人，不是老人」，表示死亡的來臨（尤其是因為意外事故等所致情形），未必絕對與年齡大小有關。但不可諱言地，人類壽命有限，身體機能終將隨著年齡的增長而衰弱。故高齡者增加，自然也會讓死亡者增加，日本即稱這種情況的社會為「多死社會」[1]。

1　日本政府為因應此多死社會的來臨，於醫療面，就以醫院／診所場域為主之「門診醫療」及「住院醫療」外，另積極推動以居家場域為主之所謂「在宅醫療」（「門診醫療」、「住院醫療」及「在宅醫療」併稱三大醫療類型）。並展開包括醫療、照護、照護預防、居所及生活支援面向之所謂「地區整合照顧系統」（地域包括ケアシステム）。之後，並再將此「地區整合照顧系統」納入於所謂「地區共生社會」（地域共生社會）的架構中，藉由強化在宅醫療、建置「地區整合照顧系統」，推動實踐「地區共生社

　　是在迎向超高齡社會所面臨的失智者或死亡者均可預期將為增加情形下，進而亦必須面對以下課題。亦即，在失智者增加的情況下，會延伸出面臨「意思決定困境」的課題。也就是說當失智的狀況越來越嚴重時，失智者可能逐漸變成沒有意思／辨識能力、沒有辦法做出意思決定，或是表達的意思不夠充分，而當意思無法表達或者表達不完全時，於健康照護面，家屬或是醫師就不能了解您究竟希望怎麼做？同時，也可能造成家屬或是醫師亦不曉得，該如何幫您代替決定（substitute decision making, SDM）[2]？簡單來說，這就是面臨「意思決定困境」的課題。而死亡者的增加就會出現「臨終場所」要在哪裡

會」之構築，努力逐步而全面地因應日本所正面臨的超高齡社會課題。可參黃三榮、余尚儒，「在宅醫療的法律面觀察」，月旦醫事法報告第31期，2019年5月，第20-25頁。日本厚生勞働省（下稱「厚勞省」）推動「地區共生社會」之實現計畫，可參https://www.mhlw.go.jp/stf/seisakunitsuite/bunya/0000184346.html（最後瀏覽日：2021年10月23日）。

[2] 於此所指之醫療上「代替決定」，是指由本人之家屬、主治醫師或本人預為指定之醫療委任代理人（health care agent, HCA）等人，於本人喪失意思能力而無法自為意思表示下，就有關本人之健康照護（healthcare）事項，在無本人之醫療上事前指示（advance directive, AD）情形時，基於本人之最佳利益（best interests），代替本人所做出之意思決定。

而醫療委任代理人依《病人自主權利法》（下稱「病主法」）第3條第5款規定係指「接受意願人書面委任，於意願人意識昏迷或無法清楚表達意願時，代理意願人表達意願之人。」至於醫療上事前指示，係指本人為因應將來萬一陷入無意思能力狀態，以致無法就本身之健康照護事項，予以表達意思表示，甚且做出意思決定的情況時，先於仍具意思能力之際，就本身之健康照護事項，予以預為做出之意思表示、意思決定。而宜經由踐行advance care planning（ACP）程序，以做成或調整事前指示。另事前指示的形式通常以書面為之，但亦得以錄影錄音，甚或口頭之形式做成。而我國多係將病主法第3條第6款所明文之「預立醫療照護諮商」，逕稱為ACP，復將同法第3條第3款所規定明文之「預立醫療決定」，即稱為事前指示。

的課題，目前大約 7 成以上的人都是在醫院臨終，於超高齡社會，在死亡者顯著增加情形下，醫院的病床如果不夠，「臨終處所短缺」勢必也將成為一個超高齡社會下，必須因應的課題。

　　迎向超高齡社會，會產生高齡者增加的結果，而高齡者的增加，意謂著失智者會增加，而必須面臨上述「意思決定困境」的課題；其次，死亡者的增加，多死社會的出現，產生的是「臨終場所短缺」的課題。而面對這樣的課題，我們是不是該有些新的思維和行動來進一步因應？

圖1-2　高齡者增加所面臨的課題

BOX 1-3　迎向超高齡社會所面臨之課題

　　迎向超高齡社會高齡者增加趨勢下，所面臨之課題，當然不限於失智者增加之失智者湧現及死亡者增加之多死社會來臨的課題。尚有高齡者之醫療照護制度調整、高齡者歧視防止及救濟、高齡者就業、高齡者居住、高齡者社會參與、共生社會之規劃、建置推動等課題。惟本書將集中於檢討論述，有關高齡者之健康照護、財產等事項之預為準備、超前部署所關聯之課題及其因應。

1-3 超高齡社會所面臨課題的因應：ATP行動方案

　　如同前述，迎向超高齡社會，將會面臨高齡者增加的情形，而高齡者增加將使我們必須面對失智者增加及死亡者增加的課題。失智者增加將進而衍生面臨意思決定困境的課題；死亡者增加則將面臨臨終場所短缺的課題。因此，在迎向超高齡社會的進程中，首先於理解掌握所將面臨的課題後，宜就此課題，予以檢討因應的對策，並付諸實行。

　　鑑於失智症狀是一種漸進變化的進程，並非一有失智症狀確診，即等於失智者完全喪失意思能力。是以，如能在高齡者雖有失智症狀，但意思能力並未完全喪失前，協助高齡者不論是就財務事項及健康照護（或稱醫療面）事項等，均得儘早整理、表達相關想法、意願，甚至預為決定者，即是一個因應「意思決定困境」的可行做法。

　　另就死亡者增加可能面臨臨終場所短缺之課題，則建構除醫院外得以在宅／居家（含自宅及設施）臨終之機制，即是一個得為發展的因應做法。而此即涉及到在宅醫療的提供。然考量選擇／決定在宅醫療與否？亦牽涉到高齡者健康照護之選擇、喜好等自主意思決定問題。因此，藉由在宅醫療尋求在宅善終，以因應死亡者增加將面臨之臨終場所短缺課題，就高齡者來說，實得包含於前述有關健康照護事項之預為意思決定的因應做法內。

　　是以，就迎向超高齡社會將面臨因失智者增加而產生的意思決定困境之課題及死亡者增加所帶來的臨終場所短缺之課題，即得藉由高齡者於意思能力健全時，以預為意思決定方式，加以預為準備、超前部署而為因應。而為此預為準備、超前部署之因應做法及實踐，本書主張即為所謂「預立樂活善生

計畫」（advance total planning, ATP）。

　　什麼是 ATP？將在 Chapter 2 進一步說明。簡單來說，ATP 可由三部分所組成。即健康照護面之「預立照護計畫」（advance care planning, ACP[3]）、財務面之「預立財務計畫」（advance finanical planning, AFP）及人生面之「善生計畫」（good life planning, GLP）。亦即，迎向超高齡社會之預為準備、超前部署的因應做法 = ATP。而 ATP = ACP + AFP + GLP，或是 ATP = 2A + 1G。

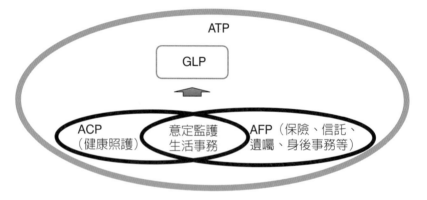

圖1-3　超高齡社會之因應：ATP行動方案

---

[3]　此處之advance care planning（ACP），係引自外國（尤其是歐美日）有關探究病人自主權、病人之意思決定時，所論述使用之用語。於外國就所謂ACP之論述，目前雖尚無統一之定義。然本書參酌外國就ACP之論述，爰爲定義所謂ACP係指由本人與家屬、健康照護提供者（health care provider）等，本人所同意、信賴人士所共同參與，而以本人爲中心，就關於本人之將來健康照護事項，基於本人之價值觀、目標及喜好等，反覆持續地進行討論對話，甚而予以預爲決定，並加以記錄之溝通過程。中文稱爲「預立照護計畫」，惟此ACP並非完全等同於我國病主法所規定之「預立醫療照護諮商」，可參黃三榮「『預立醫療照護諮商』之『病人』——兼評『病人自主權利法』之實像與虛像(一)」，萬國法律第238期，2021年8月，第60-70頁。

Chapter 2

您一定要知道的ATP

於 Chapter 1 提出「預立樂活善生計畫」（ATP）就是一個因應超高齡社會所面臨課題的行動方案下，Chapter 2 將進一步說明 ATP 的內容、為何要做 ATP？如何做 ATP？以及 ATP 的參與者。並特別提出於 ATP 規劃時，尋求律師協助參與的重要性。

2-1 什麼是ATP？

ATP 是指 advance total planning，或稱「預立樂活善生計畫」。簡單來說，就是一個因應超高齡社會的全面預為準備、超前部署計畫。進言之，就是本人基於健康照護面及財務面，分別預為「預立照護計畫」（ACP）與「預立財務計畫」（AFP）下，並於人生面，實踐力行「善生計畫」（GLP）的全面預為準備、超前部署計畫。如同 Chapter 1-3 之說明，ATP 包括 2A ＋ 1G，也就是說，ATP 是由健康照護面之 ACP、財務面之 AFP 及人生面之 GLP 所組成。

ACP 係指由本人與家屬、健康照護提供者等，經本人同意、信賴人士所共同參與，而以本人為中心，就本人將來健康照護事項，基於本人之價值觀、目標及喜好等，反覆持續地進行討論對話，甚而予以預為決定，並加以記錄之溝通過程。因此，ACP 的重點，在於本人與家屬等之參與者，對話討論及溝通有關本人之健康照護事項，甚而予以預為意思決定過程之踐行。而此過程不宜僅本人單獨進行，宜邀請家屬、健康照護人員等之共同參與。藉由過程中之本人及參與者之對話討論，協助本人基於本身之價值觀、目標及喜好等，就己身將來之健康照護事項，予以整理、形成及表達意思，甚而做成預為意思決定之結果，並可將此結果留下紀錄（如書面、錄影、錄音等）。而其主要目的在於，有備於將來萬一本人陷入無意思能力，而無法就己身之健康照護事項予以決定時，家屬、健康照護人員等即可依循本人於此過程中，所曾表達之價值觀、目標及喜好等，或是已經做成之預為意思決定為據，而得提供符合

本人價值觀、目標及喜好等，或是已經做成預爲意思決定之健康照護予本人。是以，ACP 可說是本人就健康照護面之預爲準備、超前部署。

至於 AFP，簡單來說，是本人就財務面之預爲準備、超前部署。然 AFP 並非是著眼於投資獲利，而是重於資產之規劃管理，除有備於將來有關己身健康照護需求之經濟來源外，並得兼及他人經濟需求之支援。此財務計畫之具體工具組合，主要可包含儲蓄、生前贈與、保險、信託、意定監護及遺囑，甚至生活事務及身後事務之處理等。

而 GLP，就是「好活計畫」。亦即，好好地把握「當下」到「生命終結時點」間之有限而珍貴的時間（生命期間，bio-logical life[1]），努力活出自己滿意、符合自己人生觀、價值觀的人生（人生期間，biographical life）。尤其於健康照護面，秉持「積極健康」（positive health[2]）觀，培養充實本身的「健

---

[1] 前東京大學大學院人文社會系研究科清水哲郎教授提出所謂「生命の二重の見方」（生命2重觀），也就是「生物学的生命」（biological life）及「物語られるいのち」（biographical life），而前者是生命的基礎，在此生命基礎上，藉與周遭之關聯互動上，建構每個人不同的敘事人生，清水哲郎「生物学的生命と物語られるいのち─医療現場の意思決定プロセスをめぐって─」，https://lib.yamanashi.ac.jp/igaku/seitosi/h24monogatari/h24monogatarihaifu.pdf（最後瀏覽日：2021年7月18日）。於此即將「生物学的生命」，簡稱爲「生命」（biological life），而「物語られるいのち」即稱爲「人生」（biographical life）。

[2] 「positive health」（積極健康）觀，是由荷蘭馬赫特爾德・胡伯（Machteld Huber）醫生／博士，於2011年所提出的概念，主張所謂「健康」，並不是靜態的沒有疾病在身的狀況，而是指當面臨社會的、身體的、情感的挑戰時，積極地適應此等挑戰及主導自我管理的能力（Health as the ability to adapt and to self manage, in the face of social, physical and emotional challenges），

康識能」（health literacy），做好「健康管理」（health management）（如飲食、運動、心理等面向），且完成 ACP 計畫。另於財務面，則學習強化自身的「財務識能」（financial literacy），妥善「財務管理」（financial management），並實踐 AFP。同時於強化修習自己應有的「生命識能」（life literacy）及「死亡識能」（death literacy）下，做好符合自己人生觀、價值觀的「人生管理」（life management），而得於生命終結前，快樂地生活，好好地活出自己所擁有的生命力。

BOX 2-1　**ATP 的 2A＋1G → 3 能 3 管**

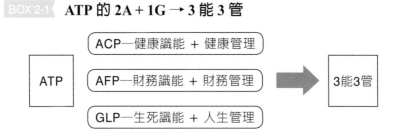

表2-1　各種識能之概要

健康識能 （health literacy）	是指包含取得、理解、評估及應用健康資訊之知識、動機及能力[3]。

---

https://www.iph.nl/en/about-machteld-huber/（最後瀏覽日：2021年7月22日），此種不是追求完全地排除消滅疾病，以求得所謂健康，而是接受面對及適應疾病，並予以自我管理之積極、正向健康觀，非常值得推廣及實踐。

[3]　可參亞洲健康識能學會（Asian Health Literacy Association, AHLA）就健康識能之定義，https://www.ahla-asia.org/news_detail/43.htm（最後瀏覽日：2021年9月7日）。

表2-1　各種識能之概要（續）

財務識能 （financial literacy）	是指具有金融理財相關知識，而能夠正確管理金錢，應用在理財、投資、財務規劃等方面，以維持自己的財務健全，完成人生各個階段財務目標的能力[4]。
死亡識能 （death literacy）	是指一種獲取並理解生命末期與死亡相關議題之知識，並且做出相對應之生命晚期照護選擇之技能[5]。
生命識能 （life literacy）	是指個人獲取、學習、理解、運用、付諸行動有關健康（身心靈）與善終（臨終瀕死照護）相關之知識、資訊、技能的能力[6]。

BOX 2-2　**家庭醫師整合性照護計畫**

　　衛生福利部中央健康保險署自2003年起，積極推動所謂「全民健康保險家庭醫師整合性照護計畫」。計畫目的在於：

- 建立家庭醫師制度，提供民眾周全性、協調性與持續性的醫療照護，同時提供家庭與社區健康服務，以落實全人、全家、全社區的整合照護。

---

[4] 參酌商周財富網就理財素養（financial literacy）之定義，https://wealth.businessweekly.com.tw/GArticle.aspx?id=ARTL003000746（最後瀏覽日：2021年9月7日）。

[5] 鄭企峰、林承霈、蕭勝煌，「提升死亡識能以提供高品質晚期癌症照護」，北市醫學雜誌第15卷附冊，第54-60頁。

[6] 郭千哲、張祐銘、陳文瑩、洪翠妹、張碧鳳、朱智邦、陳亮妤、劉興政、湯華盛、楊添圍，「提升精神科病人的生命識能」，北市醫學雜誌第15卷附冊，第35-45頁。

• 以民眾健康為導向，建立以病人為中心的醫療觀念，提升醫療服務品質。

• 為《全民健康保險法》實施家庭責任醫師制度奠定基礎。

　　家庭醫師制度的建立，其實不僅攸關個人健康管理之良善，甚且亦將影響ATP之ACP的執行成效。因已與病人建立長期信賴關係，且了解病人健康狀況之家庭醫師的參與協助，將可期待本人的ACP健康照護規劃，更符合本人之價值觀、目標、喜好及意願等之外，亦得更確保此等規劃之實現。是以，建議不妨可多了解此家庭醫師制度，並找到適合自己及家屬的家庭醫師，及早建立與家庭醫師的信賴關係吧！

2-2 為什麼要做ATP？

　　據研究調查，處於生命危急狀況下，有將近7成的人，是陷入無法表達本身意思的狀態。而在本人陷入無法表達本身意思的狀態下，就本人健康照護及財務事項之管理、決定，不僅已無法表達意思，更可能在別人（如家屬）代替決定（SDM）下，除該代替決定不一定與自己的價值觀一致，亦可能無法完全符合本人原有的想法及意願外，甚且家屬等代替決定者亦可能因擔心自己的代替決定，是否符合本人的想法及意願？通常容易陷入究竟應該如何進行代替決定的困境，而縱使為代替決定後，亦往往長期承受著如此的代替決定，對本人而言，究竟

是否正確？是否符合本人最佳利益的壓力、負擔。復有甚者，如有其他家屬等，對於代替決定者之代替決定，表示不同意見，甚至反對時，或將進而衍生成家屬間之糾紛，或演變成醫療財務糾紛。

相對於此，如果本人在陷入無法表達本身意思的狀態前，於健康照護面，曾與家屬、健康照護人員等，進行 ACP，而討論對話本人之價值觀、目標及喜好等，甚而由本人預為有關健康照護事項之意思決定，並且留下紀錄者，則萬一必須面對本人陷入無法表達本身意思的狀態時，不論是依循 ACP 過程中，本人曾經表達過的價值觀、目標及喜好等，或是本人所留下之預為意思決定紀錄（如書面、錄影、錄音等），家屬或健康照護人員等進行代替決定時，即得於了解、掌握本人所預為表達的想法、喜好下，較有方向性及踏實地進行代替決定，或是逕行依循本人的預為意思決定而處理。

同時，亦得期待家屬或健康照護人員等代替決定者，比較不至於陷入應該如何代替決定的困境，以及縱使有需要而不得不為代替決定前後，亦較不致必須承受對本人而言，如此代替決定究竟是否正確？是否符合本人最佳利益的壓力、負擔。亦較有機會避免因家屬間之不同意見，而衍生家屬間之糾紛。另重要的是，健康照護人員進行健康照護服務時，既是基於本人所曾為表達的想法、喜好，一方面比較明確得判斷所應提供的健康照護內容，另方面亦可期待降低發生與家屬間之糾紛，並符合應有之醫療倫理。

其次，如果本人在陷入無法表達本身意思的狀態前，就有關本人財務事項，曾與家屬等，進行 AFP，而對話討論、溝通、整理、確認本人之財務管理規劃，並予以執行的話（例如

簽訂信託契約、選任意定監護人、預立遺囑等），則萬一必須面對本人陷入無法表達本身意思的狀態時，即可依循已預為之意思決定，所事先規劃之內容，在符合本人之想法、意願下，因應處理本人之財務事項。

基於以上說明，ATP 的必要性，除在於因應本人萬一陷入無法表達本身意思的狀態下，達到 (1) 將來有關健康照護事項或財務事項之決定，可符合自己曾為之想法、意願，甚或依循所預為之意思決定等；(2) 予代替決定者明確之依循；(3) 減輕代替決定者對決定結果所承受的壓力等之效果外，更重要的是藉此對話討論及溝通過程，亦可期待調整當下的生活方式、人生目標，實踐前述「3 能 3 管」，得於生命終結前，好好地活出自己的人生，並實踐自己的 GLP。

2-3 怎麼做ATP？

如同前面的說明，ATP 是指「預立樂活善生計畫」，是一個因應超高齡社會的全面預為準備、超前部署計畫。包括 2A + 1G，也就是說，由健康照護面之 ACP、財產面之 AFP 及人生面之 GLP 所組成。進一步來說，ATP 係指由本人與家屬、健康照護提供者等，經本人同意、信賴人士所共同參與，而以本人為中心，就本人健康照護、財務及人生計畫等事項，基於本人之價值觀、目標、喜好等，就此等事項對話討論，加以整理、表達，甚而預為意思決定，並加以記錄之溝通過程。

本人可以利用 TPO（time「時間」、position「位置」、organic「有機」）三軸線方法，來規劃、實踐屬於自己的 ATP。也就是說，本人在規劃 ATP 時，首先，以自己為中心，回顧從過去走到現在，本身對健康照護、財務及人生計畫等事項的價值觀、目標、喜好等，思考未來就此等事項想要怎麼做？亦即，立於當下、整理過去、展望未來，這就是時間軸（time）的概念。再者，因為我們是共生的群體，於相互連結、彼此依存的關係中而共生存在。群體中包含本人的家屬、親友、健康照護人員、醫療委任代理人（HCA）等，他們站在相對於本人的不同位置（position），與本人對話、討論、溝通有關本人的價值觀、目標及喜好等，甚而健康照護、財務及人生計畫等事項，當本人表達（output）自己的想法 A，他們傾聽（input）想法 A 之後，如再回饋表達（output）他們的想法 B 給本人。而本人在接收傾聽（input）想法 B 後，又再度表達（output）想法 C 予他們。就對話、討論、溝通的反覆持續過程當中，於 output 和 input 來往之間，很多想法會產生變化，本人原本 output 想法 A，他們 input 想法 A 之後，又 output 想法 B 回應予本人，在此情形下，本人原本的想法 A，就可能已不再是原先的想法 A，而更可能就此衍生出想法 C。所以，這就是一種想法的有機（organic）變化。因此，透過此「TPO 三軸線」方法機制（如圖 2-1），思考檢討反覆持續進行後，本人對本身價值觀、目標及喜好等，以及有關健康照護、財務及人生計畫等事項的想法、意願，就會更容易形成及愈加具體。同時，也建議每次藉 TPO 而進行 ATP 時，能儘量就當次過程中的想法或結論，即時地予以適切地記錄。不論是書面、錄音或錄影皆可。

圖2-1　ATP之做法：TPO三軸線

　　另 Chapter 6-1 所述動手做 ATP 7 步驟，即「想」（think）、「學」（learn）、「選」（choose）、「談」（discuss）、「記」（record）、「分」（share）及「修」（revise）之每一步驟，均得利用 TPO 三軸線方法，加以實際操作演練規劃。例如，於「想」的步驟，即得立於時間軸而思考檢討現在、過去及未來的本身想法，再經由「學」的步驟中，不論是與書本、資料內容的虛擬對話討論，或是與他人直接對話討論，而帶入「談」的步驟，而在此交流、連結過程中，即產生的有機變化。換言之，TPO 三軸線方法及 ATP 7 步驟得相互交錯利用、相輔相成，目的皆在藉此思考檢討本身

有關健康照護、財務及人生計畫等事項的想法、意願，並透過與家屬等之對話討論及溝通，而整理、表達，甚而預爲意思決定前述事項，以實踐 ATP 之規劃。

BOX 2-3 ATP 注入生命活力，綻放人生價值

- 在生物化學中，ATP代表三磷酸腺苷（Adenosine triphosphate, ATP），是扮演細胞内能量提供、釋放、傳遞的重要角色，並儲存和傳遞化學能。而如果沒有ATP提供、釋放、傳遞能源予細胞，生物將無法存活，生命也將無以為繼。
- 是以，不僅於生命之維持面，需要生物化學上之ATP；甚且於人生計畫面，也是需要在此所提出的ATP（預立樂活善生計畫）。重視及實踐ATP，更可期待注入生命活力，綻放人生價值。

2-4 誰參與ATP？

　　ATP 既是一個由本人與家屬、健康照護提供者等，經本人同意、信賴人士所共同參與，而以本人爲中心，就本人之健康照護、財務及人生計畫等事項，基於本人之價值觀、目標、喜好等，予以對話討論，加以整理、表達，甚而預爲意思決定，並加以記錄之溝通過程。則在此過程中，除本人爲主，以本人爲中心外，當有如上述家屬、健康照護人員、醫療委任代理人等之參與者。

　　家屬，是重要的 ATP 參與者。而依《民法》第 1123 條規定「家置家長。同家之人，除家長外，均爲家屬。雖非親屬，而以永久共同生活爲目的同居一家者，視爲家屬。」易言之，不論與本人是否爲親屬，只要是與本人「以永久共同生活爲目的同居一家者」，即可解釋爲是本人之家屬。換句話說，是否爲家屬之判斷重點，在於是否「以永久共同生活爲目的同居一家」，而非是否具有血親或姻親之親屬關係。

　　家屬之所以是重要的參與者，理由在於因家屬與本人共同生活而同居一家，通常是本人所信賴的人士。而家屬在與本人相處之日常生活中，亦較有機會能理解、熟習本人之價值觀、目標及喜好等，而此等本人之價值觀等，正是本人於進行健康照護、財務及人生計畫等事項決定時的重要基礎。故家屬一方面可基此理解、熟習本人之價值觀等，而與本人持續對話、討論、溝通，以協助本人整理、形成、表達，甚而就健康照護、財務及人生計畫等事項，予以預爲決定。而萬一需由家屬爲本人代替決定時，家屬基於以上之理解、熟習本人之價值觀等，也比較可期待降低代替決定之壓力，而做出符合本人價值觀等之代替決定。

　　其次，ATP 既是就本人之健康照護、財務及人生計畫等事項之對話、討論及溝通，甚而預爲決定之過程。則就健康照護方面，邀請健康照護人員參與，以提供關於健康照護方面之說明及意見，當屬必要。而此健康照護人員當可包含醫師、護理人員、心理師、社會工作人員、機構或居家照護員等。另外，就財務事項部分，則可邀請保險、信託、稅務等專家參與，而意定監護及遺囑部分，亦可邀請律師參與協助。

　　因 ATP 是一個就將來健康照護、財務及人生計畫等事項

之對話、討論及溝通，甚而預為決定之過程。而將來畢竟尚未
到來，且所預想的狀況是否確實如所預想般，於未來確定具體
發生？存有不確定性。甚且有些情形不一定在當下容易預設、
想像，進而得以預為決定。尤其涉及健康照護事項，更會因將
來的身體狀況、疾病症狀及治療方法的不同，而發生醫療上事
前指示（AD）所預設的狀況，與將來所發生的實際狀況不同，
以致容有困難得逕依事前指示而執行之可能。因此，在對話、
討論及溝通中，如能邀請了解自身價值觀、目標、喜好等，
且可信賴的人士參與，並委請該人士擔任自己的醫療委任代理
人，以備自己萬一無法自為意思決定時，即由該醫療委任代理
人為自己，做出符合自己之價值觀、目標及喜好等的代替決
定。是以，委任醫療委任代理人及邀請該醫療委任代理人參與
ATP ／ ACP，也是重要的。

　　另外，為確保財務事項之預為決定，於將來能夠確實依
照自己的決定而執行。則在信託方面預為委任信託監察人，意
定監護方面選定意定監護人，生活／身後事務之處理選任受任
人／授權代理人，甚且在遺囑方面預為指定遺囑執行人，並邀
請信託監察人、意定監護人、受任人／代理人及遺囑執行人，
能夠參與 ATP ／ AFP 之對話、討論及溝通，以助該等人士確
實理解本人之價值觀等，並進而基此理解，而能更確實地執
行符合本人價值觀等之信託、意定監護、生活／身後事務處
理及遺囑之安排。是以，亦有必要預為選定信託監察人、意
定監護人、受任人／代理人及遺囑執行人，並邀請他們參與
ATP ／ AFP。

表2-2　ATP規劃所涉選任 / 授權之第三人

ATP	
ACP	AFP
醫療委任代理人	信託監察人 / 意定監護人 / 受任人—代理人 / 遺囑執行人

2-5 Lawyers Can Help!：律師於ATP的重要角色

　　ATP 如同前述，是一個因應超高齡社會的全面預為準備、超前部署計畫。包括健康照護面之 ACP、財務面之 AFP 及人生面之 GLP 所組成（即 2A + 1G）。而在 ACP 方面，將涉及如何依循病主法相關規定，進行「預立醫療照護諮商」（病主法第 3 條第 6 款），進而簽署「預立醫療決定」（病主法第 3 條第 3 款）事宜。甚且亦可能包含依照《安寧緩和醫療條例》（下稱「緩和條例」）第 4 條簽署「意願書」之情形。同時，也將關係到如何依循病主法選任醫療委任代理人的問題。凡此均牽涉如何依法而合法地進行？從而，在進行 ACP 時，尋求熟習以上領域之法律專家（如律師）給予適切協助，當有必要。

　　其次，財務面之 AFP 方面，將可能包括保險計畫、生前贈與、信託安排、意定監護之設定、遺囑做成，甚且擴及到生活 / 身後事務處理之安排。凡此除涉及各該項目之各自核心專業領域事項之理解、檢討（如保險、信託等之具體內容規劃）外，在實際做法上，通常亦皆需藉由各項契約（如保險契約、贈與契約、信託契約、意定監護契約及生活 / 身後事務委任契約等）之簽訂，以及遺囑之擬定等，始得完成。而如何確實合

法地進行上揭各項契約及遺囑之擬定、與各該領域業者之溝通交涉契約內容等，在在均涉及各項相關法律之適用及關係人士間之法律上權利義務發生變動等事項，甚至如同前述，亦可能涉及到如何合法而適切地選任信託監察人、遺囑執行人、意定監護人，甚至生活 / 身後事務受任人等事務。從而，在進行 AFP 之計畫時，如同健康照護面之 ACP 計畫般，尋求熟習以上相關領域之法律專家如律師給予適切協助，亦有必要。

再者，本人在進行健康照護面之 ACP 及財務面之 AFP 規劃時，如同前述，當多涉及家屬、健康照護人員等之參與。是以，如律師不僅能在前述計畫「結果面」，即上揭各項契約的協助做成外，亦能參與整個計畫作業之「過程面」，並加入本人與家屬、健康照護人員等之對話討論的話，實可期待規劃結果，將更符合本人的價值觀、目標及喜好等，並能兼及家屬之意見及健康照護人員之建議。

另外，除了進行上述計畫而預為決定是重要事項外，如果於規劃後，屆時所計畫的內容，卻無法確實執行而予以實現的話，亦將造成徒然計畫之抽象結果而已。是以，如何能夠確實地落實執行所計畫的內容。亦即，如何確實令預為決定能夠獲得「實現」，應是在計畫時，必須一併留意及重視的部分。就此，如律師得參與整個計畫作業，協助上揭各項契約的做成，則律師不僅能夠理解把握本人之所以如此計畫之價值觀、目標及喜好等，亦得於知曉家屬等人之想法下，將更能基此理解把握及知曉，而協助確實執行所計畫的內容，而令預為決定能夠獲得「實現」。是以，就上述計畫及預為決定之「實現面」而言，律師亦得扮演重要的角色。

是不論是健康照護面之 ACP 及財務面之 AFP 之「規劃

面」、「過程面」、「結果面」及「實現面」，律師基於法律專業性，當可扮演重要且必要的角色。因此，就 ATP 來說，無疑而明確地可謂 Lawyers Can Help！而有關委由律師及非律師擔任信託監察人、遺囑執行人、意定監護人，甚至生活／身後事務受任人之差異，請參 Chapter 5 之說明。

Chapter 3

ATP面面觀：從法律規定、實務狀況觀察

　　於 Chapter 2 介紹「預立樂活善生計畫」（ATP）的基本概念後，Chapter 3 將進一步分別從法律規定、實務狀況角度，就醫療面、照護面、財務面（儲蓄、生前贈與、保險、意定監護、信託、遺囑、生活事務、身後事務）與善生面等面向，說明 ATP 的詳細內容。

3-1 醫療面

　　ATP 於醫療面，如同前述，主要涉及「預立照護計畫」（ACP）。而 ACP 是指由本人與家屬、健康照護提供者等，經本人同意、信賴人士所共同參與，而以本人為中心，就本人將來之健康照護事項，基於本人之價值觀、目標及喜好等，反覆持續地進行討論對話，甚而予以預為決定，並加以記錄之溝通過程。而除進行 ACP 外，更宜秉持「積極健康觀」，培養充實本身的「健康識能」，做好「健康管理」（如飲食、運動、心理等）。否則，徒行 ACP，卻未有「積極健康觀」，亦未充實本身的「健康識能」，甚且忽略「健康管理」者，該 ACP 將只是一個根基不穩的抽象計畫，而未必能夠獲得具體實現。是以，秉持「積極健康觀」＋ 充實「健康識能」＋ 做好「健康管理」＋ 進行 ACP，必須同時全面地持續推進，始能真正做到 ATP 於醫療面之實踐。

　　再者，ACP 是有關本人健康照護事項之計畫，亦係本人／病人自主權之行使。而我國病主法即是一部明文保障本人／病人自主權之法律。是亦有將病主法所規定之「預立醫療照護諮商」即等同於 ACP。而病主法第 3 條第 6 款規定「預立醫療照護諮商：指病人與醫療服務提供者、親屬或其他相關人士所進行之溝通過程，商討當病人處於特定臨床條件、意識昏迷或無法清楚表達意願時，對病人應提供之適當照護方式以及病人得接受或拒絕之維持生命治療與人工營養及流體餵養。」同時同法第 3 條第 3 款復規定：「預立醫療決定：指事先立下之書面意思表示，指明處於特定臨床條件時，希望接受或拒絕之維持生命治療、人工營養及流體餵養或其他與醫療照護、善終

等相關意願之決定。」加上同法第 9 條第 1 項第 1 款規定「意願人爲預立醫療決定，應符合下列規定：一、經醫療機構提供預立醫療照護諮商，並經其於預立醫療決定上核章證明。」是如擬進行符合病主法規定之「預立醫療照護諮商」而簽署「預立醫療決定」，原則上即須依前述病主法規定，於經醫療機構提供「預立醫療照護諮商」後，再簽署「預立醫療決定」，並於將來在符合病主法第 14 條第 1 項所規定之「特定臨床條件」（如末期病人等）下，始得依循病主法規定，而執行接受或拒絕維持生命治療、人工營養或流體餵養之「預立醫療決定」。目前實務上，只要至有設置「預立醫療照護諮商門診」之醫療院所，預約「預立醫療照護諮商門診」者，原則上即得進行「預立醫療照護諮商」，並得進而簽署「預立醫療決定」，以就本身之醫療事項，予以預先計畫。

　　其次，縱未依循前述病主法規定，進行「預立醫療照護諮商」，甚而簽署「預立醫療決定」。亦不妨礙本人與家屬、醫療照護人員等，就本人將來健康照護事項，基於本人之價值觀、目標及喜好等，進行一個本人意思整理、意思表達，甚而意思決定之反覆持續地對話討論及溝通的過程。亦即，本人仍得進行非基於病主法規定之 ACP，以就本身健康照護事項，予以預爲計畫[1]。

　　另外，於進行 ACP 對話討論及溝通之過程時，宜儘量就對話討論及溝通之結果，甚且過程予以留下紀錄。蓋有此紀錄者，所做成之預爲決定，更爲明確、更易於理解外，亦更易於

---

[1] ACP並非完全等同於我國病主法所規定之「預立醫療照護諮商」之說明，可參Chapter 1註3所示。

獲得實現。且此紀錄得爲「書面」，亦得爲「錄音或錄影」。
相同地，如係依病主法規定，而進行「預立醫療照護諮商」之
溝通過程，亦宜儘量就溝通之結果，甚且過程予以留下紀錄，
甚而簽署「預立醫療決定」。另外，不論是進行 ACP 或「預
立醫療照護諮商」，除了就其結果留下紀錄或簽署「預立醫療
決定」外，亦得考量就將來健康照護事項，不予以直接預爲決
定，採以選任前述所謂醫療委任代理人（HCA）的方式，而由
醫療委任代理人於將來爲本人進行代替決定（SDM）。所謂醫
療委任代理人，依病主法第 3 條第 5 款規定係指：「接受意願
人書面委任，於意願人意識昏迷或無法清楚表達意願時，代理
意願人表達意願之人。」是縱已留下紀錄或簽署「預立醫療決
定」而預爲決定，然爲求因應面對預爲決定所未指明的狀況，
仍得同時選任醫療委任人，而由醫療委任代理人於將來爲本人
進行代替決定。

　　綜上所述，於 ATP 醫療面之 ACP，得大致區分爲 (1) 基
於病主法規定而進行之「預立醫療照護諮商」及 (2) 非基於病
主法規定而進行之一般 ACP。前者當須依循病主法規定而進
行，而後者則不受病主法規定之適用，得由本人自主爲之。再
簡單整理如表 3-1 所示。

表3-1　預立醫療照護諮商vs. ACP

	預立醫療照護諮商	ACP
依據	病主法	病人自主權
目的	就維持生命治療、人工營養及流體餵養，予以預爲決定接受或拒絕	就有關本人將來健康照護事項，基於本人之價值觀及目標、喜好等，進行對話討論及溝通，甚而預爲決定

表3-1　預立醫療照護諮商vs. ACP要（續）

紀錄	簽署「預立醫療決定」	書面或錄音、錄影等
選任醫療委任代理人	可	可
法律效力	發生病主法規定之效力（如病主法第15條之醫師免責規定等）	發生病主法外，有關保障本人／病人自主權相關法律規定之效力（如自主權受侵害之損害賠償請求等）

　　最後，依緩和條例第 4 條第 1 項規定「末期病人得立意願書選擇安寧緩和醫療或作維生醫療抉擇。」是以，於進行 ATP 醫療面之 ACP 時，除了另依病主法規定，而為「預立醫療照護諮商」，甚而簽署「預立醫療決定」外，亦得考量另依前述緩和條例規定，預立「意願書」。

3-2 照護面

　　進行 ATP 時，於醫療面執行 ACP，而就本身將來健康事項予以事前計畫外，關於「照護面」之需求，也應一併予以事先理解及預為計畫。而就「照護面」之規劃，除了個人依本身的需求及財務基礎，例如入住所謂各種養生村、銀髮住宅、青銀住宅等，而確保獲得日常生活照護之支援外，利用政府所推動的長期照護制度，亦是另一種「照護面」的需求規劃。

　　就我國長期照護政策（如自 2017 年 1 月 1 日起實施的「長照十年計畫 2.0」，下稱「長照 2.0」）、相關法制（如自

2017 年 6 月 3 日起施行的《長期照顧服務法》，下稱「長照法」）及長期照護機構等面向予以進行。茲簡要介紹以下。

3-2-1 長期照護

　　長期照顧，依據長照法第 3 條第 1 款規定，係指「身心失能持續已達或預期達六個月以上者，依其個人或其照顧者之需要，所提供之生活支持、協助、社會參與、照顧及相關之醫護服務。」

3-2-2 長照2.0的服務對象

　　長照 2.0 延續長照 1.0 的計畫目標群體，並新增 4 個群體為計畫目標群體，總計可成為長照服務對象者為：
(1) 全年齡的失能身心障礙者。
(2) 65 歲以上失能老人。
(3) 55 以上失能原住民。
(4) 50 歲以上輕度失智症患者。
(5) 65 歲以上僅工具性日常生活活動能力量表（IADLs）失能且獨居之老人。
(6) 65 歲以上僅 IADLs 失能之衰弱（frailty）老人。

3-2-3 服務項目

　　長照 2.0 提供照顧及專業服務、交通接送服務、輔具及居家無障礙環境改善服務、喘息服務等四大類服務，並明定於長

照法第 10 條至第 13 條，具體服務項目如下：(1) 身體照顧服務；(2) 日常生活照顧服務；(3) 家事服務；(4) 餐飲及營養服務；(5) 輔具服務；(6) 住宿服務；(7) 必要之住家設施調整改善服務；(8) 心理支持服務；(9) 緊急救援服務；(10) 醫事照護服務；(11) 預防引發其他失能或加重失能之服務；(12) 交通接送服務；(13) 社會參與服務；(14) 有關資訊之提供及轉介；(15) 長照知識、技能訓練；(16) 喘息服務；(17) 情緒支持及團體服務之轉介；(18) 其他。

3-2-4 支付基準

　　長照 2.0 對於長期照顧服務之使用者及其照顧者，也提供經濟面上的支援。主要有下列兩種：

(1) 長期照顧特別扣除額

　　為減輕身心失能家庭的租稅負擔，財政部特別增訂長期照顧特別扣除額，符合財政部公告之需長期照顧之身心失能者資格、且未被所得稅法所訂排富條款排除者皆可適用，每人每年定額扣除 12 萬元。

(2) 長期照顧給付及支付基準及相關制度

　　依據衛生福利部公布之「長期照顧（照顧服務、專業服務、交通接送服務、輔具服務及居家無障礙環境改善服務）給付及支付基準」（下稱「支付基準」）之規定，針對經過長期照顧管理中心（以下簡稱照管中心）評估，認定符合長期照顧（以下簡稱長照）服務請領資格之長照需要者，政府將予核定長照需要等級及長照服務給付額度，但針對機構住宿式長照服

務使用者並不適用上開支付基準（支付基準第 4 條），且聘僱外籍家庭看護工或領有政府提供之特別照顧津貼之長照需要者，於支付基準及支付項目亦有相當條件之限制（支付基準第 5 條）。

3-2-5 申請長照服務

申請長照服務管道共有下列三種：

(1) 申請長照管道①：撥打 1966 長照專線。

　　透過語音選單，將轉接到各縣市政府的照管中心，各縣市政府的中心人員會協助了解是否符合申請資格。只要符合資格，中心將派照管專員到家評估，依照顧對象的需求量身定做照顧計畫，並與家屬說明政府補助額度，找到最合適的長照資源。

(2) 申請長照管道②：親自洽詢住家附近的照顧管理中心。

(3) 申請長照管道③：長照出院準備服務。

　　在失能者出院「前」，由醫療專業人員或照管專員與病患、家屬溝通，提供照顧資訊，如果有長照需求也符合資格，可直接在醫院內評估長照服務需求。出院後就可快速取得居家服務、復能、喘息、簡易生活輔具等長照資源。

3-2-6 長照機構

長期照顧服務機構（簡稱「長照機構」），是指依照《長期照顧服務機構設立許可及管理辦法》或《長期照顧服務機構

法人條例》所設立的機構或法人。機構必須經過政府立案合法設立後，對外才能使用「長照機構」的名稱，以供大眾識別。長照機構主要對身心失能持續已達或預期達 6 個月以上者，依其個人或其照顧者之需要，提供生活支持、協助、社會參與、照顧及相關之醫護服務，例如：罹患慢性病，且需醫護服務的長者（一般為留置鼻胃管、導尿管、氣切管長者）。並依照服務方式分有居家式（到宅提供服務）、社區式（於社區設置）、機構住宿式（受照顧者入住）。

3-2-7 選擇長照機構

由於國內長照機構分散林立，基於提升長照機構的服務品質、維護服務對象的權利及提供民眾長照選擇，衛生福利部（針對機構住宿式）、各地方縣市政府（針對居家式、社區式）每年會依《長期照顧服務機構評鑑辦法》對長照機構實施評鑑，並將評鑑的結果上網公告，因此，在選擇長照機構時，也可以將評鑑結果作為參考標準。

3-2-8 「照護面」之預為計畫

就如何預為計畫本身「照護面」之將來需求，建議可循以下三面向：

(1) 應理解及更新掌握前述「照護面」之長照 2.0、長照法及長期照護機構等相關事項。

(2) 檢討及預為選擇規劃符合自己照護需求及照護模式（如居家式、社區式或機構住宿式），亦屬重要。尤

其如選擇機構住宿式者，事先蒐集各入住機構的資訊、了解服務內容、評估是否符合本身需求，加上預為現場訪視等，皆屬必須留意的事項。

(3) 確保照護需求的經費來源。如儲蓄、長期照護險之投保及信託安排等，宜事先規劃執行。

BOX 3-1　不同照護模式，不同的服務項目

長照機構依不同照護模式，提供受照顧者不同的服務項目：

• 居家式長照服務之項目如下：一、身體照顧服務。二、日常生活照顧服務。三、家事服務。四、餐飲及營養服務。五、輔具服務。六、必要之住家設施調整改善服務。七、心理支持服務。八、緊急救援服務。九、醫事照護服務。十、預防引發其他失能或加重失能之服務。十一、其他由中央主管機關認定到宅提供與長照有關之服務。（長照法第10條）

• 社區式長照服務之項目如下：一、身體照顧服務。二、日常生活照顧服務。三、臨時住宿服務。四、餐飲及營養服務。五、輔具服務。六、心理支持服務。七、醫事照護服務。八、交通接送服務。九、社會參與服務。十、預防引發其他失能或加重失能之服務。十一、其他由中央主管機關認定以社區為導向所提供與長照有關之服務。（長照法第11條）

• 機構住宿式長照服務之項目如下：一、身體照顧服務。二、日常生活照顧服務。三、餐飲及營養服務。四、住宿服務。五、醫事照護服務。六、輔具服務。七、心

理支持服務。八、緊急送醫服務。九、家屬教育服務。十、社會參與服務。十一、預防引發其他失能或加重失能之服務。十二、其他由中央主管機關認定以入住方式所提供與長照有關之服務。（長照法第12條）

　　選擇理想的照護模式，建議依照受照顧者的身體健康、經濟狀況情形，評估所需的照護服務。若需要由家族成員共同負擔照護費用，應事先共同討論費用分擔，避免爭議。

3-3 財務面

　　於理解 ATP 有關「醫療面」及「照護面」之內容後，接著介紹 ATP 有關「財務面」，即「預立財務計畫」（AFP）之具體內容。以下，區分 (1) 儲蓄、(2) 生前贈與、(3) 保險、(4) 意定監護、(5) 信託、(6) 遺囑、(7) 生活事務及 (8) 身後事務等不同面向予以說明。至於 AFP，簡單來說，是本人就財務面之預為準備、超前部署。惟如先前說明，AFP 並非是著眼於投資獲利，而是重於資產之規劃管理，除備於將來有關己身健康照護需求之經濟來源外，並得兼及他人經濟需求之支援，再請留意。

3-3-1 儲蓄

3-3-1-1 儲蓄種類

儲蓄應為最常見之財務管理工具之一，我們可透過將個人部分資產存入金融機構，獲取利息收入，以備日常生活上不時之需。惟各家銀行存款類型五花八門，不同的存款類型有其利息計算方式[2]及限制均有所不同，到底要選擇何種存款戶頭才最適合自己呢？爰整理基本4種存款類型如表3-2：

表3-2　各類存款方式比較

種類	活期存款	活期儲蓄存款	定期存款	定期儲蓄存款
開戶資格	任何個人、公司、行號、團體、機關均可申請開戶	限個人（自然人）、非營利法人	同活期存款	同活期儲蓄存款
要求最短存款期間	無限制	無限制	最短1個月，最長3年	最短1年，最長3年
計息方式	單利	單利	單利	• 整存整付[3]：複利 • 零存整付[4]：複利

---

[2]　利息之計算方式主要分成單利及複利兩種，前者僅就每一期之本金部分計算利息，後者則是將每一期之本金及利息綜合計算，因此複利計息之存款報酬率會較高。

[3]　整存整付指的是將本金一次存入，並依照銀行提供的約定利率以複利方式按月計息，並於約定存款期間屆滿時一次取回本金及利息。

[4]　零存整付指的是由存戶決定期限、繳款日、存款總額後，以定期定額方式將本金存入戶頭，銀行以複利計息，於約定存款期間屆滿時由存戶一次取回本金及利息。

表3-2　各類存款方式比較（續）

種類	活期存款	活期儲蓄存款	定期存款	定期儲蓄存款
				• 存本取息[5]：單利
優點	方便取出	• 機動性高 • 無最低存款金額限制	• 利息較高 • 最低存款期間較短	在相同存款期間利息最高
缺點	利息最低	利息較低	就金額及存款金額可能有限制，不能隨意取出	就金額及存款金額可能有限制，不能隨意取出

　　由表 3-2 可看出，定期儲蓄存款可獲得之利息較高，惟期間內都無法動用該筆存款，機動性較低，建議讀者可依照自己個人需求，將資產分別配置至活期或定期儲蓄存款，使個人資產維持較佳之機動性。

3-3-1-2 存款配置應注意事項

(1) 不同類型存款，利息的稅額計算方式不同

　　存款利息屬於個人所得之一，應計入個人所得申報。惟依照《所得稅法》第 17 條第 1 項第 2 款第 3 目之 3 規定，納稅義務人（包含配偶及受扶養親屬）每年自一般金融機構所獲得之存款利息等合計新台幣（下同）27 萬元以下者，此部分得以免稅（即列入「儲蓄投資特別扣除額」）。如果全年度自一般金融機構所獲得之存款利息等合計 27 萬元以上，且單次發放

---

[5] 存本取息指的是由存戶決定存款期間及金額後，將本金一次存入，銀行以單利方式按月計息並支付利息予存戶，於約定存款期間屆滿時取回本金。

利息達 20,010 元者，則會先被代扣 10% 的稅金。不過，如果當年度其他收入合計，未達應繳納所得稅之最低標準，則該代扣所得稅之金額，等到次年度結算時可以申請退稅。

又若是存在郵局的存簿儲金（僅限活期存款或活期儲蓄存款），依《郵政儲金匯兌法》第 20 條規定，該部分利息免徵收稅金，亦不納入前揭扣除額計算基礎，惟要特別注意如果存簿儲金有超過 100 萬元之部分，則該部分之存款不會產生利息。

(2) 存款保險於每一人於每一金融機構之存款，賠付上限為 300 萬元

台灣目前設有存款保險之機制，因此若往來的金融機構發生問題或倒閉時，依《存款保險條例》第 13 條第 1 項規定，中央存款保險公司就該個人存款人於該一金融機構的存款部分，於最高 300 萬元的範圍內，賠付存款人。因此，分別於不同金融機構開設多個儲蓄帳戶，每個帳戶內配置不超過 300 萬元存款金額之情形，可獲得每個帳戶最高 300 萬元之存款保險保障。

(3) 單次利息達 20,001 元，需扣繳二代健保補充保費

自 2021 年 1 月 1 日起，如果單次利息所得達 20,001 元，須自利息所得總額中，預先扣除 2.11% 作為二代健保之補充保費[6]，因此如有大筆金額欲以定期儲蓄存款作為理財方式，而計

---

[6] 如果是中低收入戶、中低收入老人、接受生活扶助之弱勢兒童與少年、領取身心障礙生活補助費者、特殊境遇家庭及符合《全民健康保險法》第100條所定之經濟困難之人，且單次領取未達中央勞動主管機關公告基本工資者，則不須扣取補充保險費。

畫免扣繳二代健保補充保費時，或可依據個人需求拆為多筆小額方式處理。

3-3-2 生前贈與

3-3-2-1 意義

依照《民法》第 406 條規定，所謂贈與是指「謂當事人約定，一方以自己之財產無償給與他方，他方允受之契約」。而該財產，可以是現金、汽車、珠寶等動產，也可以是房屋或土地等不動產。相對於透過遺囑方式，妥善規劃自己身後遺留的財產以外，或許也常常聽到，身邊的親友，可能因為不同的考量，會提前將自己的財產，透過贈與的方式給子女，甚或是捐贈設立財團法人等團體，這就是所謂的「生前贈與」。透過這樣的方式，一方面可以在生前就妥善處理自己的財務面規劃，另一方面對於較多財產者而言，也可作為節省身後遺留財產的高額遺產稅之因應做法之一。

3-3-2-2 附負擔贈與

如希望受贈人獲得贈與，亦需履行一定義務者。即可考慮依照《民法》第 412 條第 1 項規定「贈與附有負擔者，如贈與人已為給付而受贈人不履行其負擔時，贈與人得請求受贈人履行其負擔，或撤銷贈與」。於贈與時，即要求受贈人必須完成一定的義務，而如受贈人不履行者，即可撤銷先前之贈與。是以，附負擔贈與之利用，亦得考慮。

3-3-2-3 稅務上問題

生前贈與所涉及的稅務上問題，分別就遺產稅及贈與稅的差異，簡單以下述表格說明。

表3-3   遺產稅及贈與稅的稅率、累進差額

淨額	遺產稅（《遺產及贈與稅法》第13條）		贈與稅（《遺產及贈與稅法》第19條）	
	稅率	累進差額	稅率	累進差額
1億元以上	20%	750萬元	20%	375萬
5,000萬～1億元	15%	250萬元		
2,500萬～5,000萬元	10%	—	15%	125萬
2,500萬元以下			10%	—

表3-4   遺產稅的內容

	遺產稅
納稅義務人（《遺產及贈與稅法》第6條）	• 若有遺囑執行人，為「遺囑執行人」。 • 若無遺囑執行人，為「繼承人及受遺贈人」。 • 若無遺囑執行人及繼承人，為「依法選定遺產管理人」。
課稅公式	• 遺產總額 = 遺產 − 不計入遺產總額之金額 • 遺產淨額 = 遺產總額 − 扣除額 − 免稅額 • 應納稅額 = 遺產淨額×稅率 − 累進差額
併入遺產總額（《遺產及贈與稅法》第15條）	被繼承人死亡前二年內贈與給下列個人的財產，都應納入遺產總額的計算： • 被繼承人之配偶。

表3-4　遺產稅的內容（續）

	遺產稅
	• 被繼承人依《民法》第1138條及第1140條規定之各順序繼承人。 • 前款各順序繼承人之配偶。
不計入遺產總額之金額（《遺產及贈與稅法》第12-1條、第16條）	例如下列情形，則不計入遺產總額。詳細情形，可再參照《遺產及贈與稅法》的規定。 • 遺贈人、受遺贈人或繼承人捐贈各級政府及公立教育、文化、公益、慈善機關之財產。 • 被繼承人日常生活必需之器具及用品，其總價值在89萬元以下部分。 • 約定於被繼承人死亡時，給付其所指定受益人之人壽保險金額、軍、公教人員、勞工或農民保險之保險金額及互助金。
扣除額（《遺產及贈與稅法》第12-1條、第17條、第17-1條）	例如下列情形，為遺產稅計算之扣除額。詳細情形，可再參照《遺產及贈與稅法》的規定。 • 被繼承人遺有配偶者，自遺產總額中扣除493萬元。 • 繼承人為直系血親卑親屬者，每人得自遺產總額中扣除50萬元。其有未成年者，並得按其年齡距屆滿成年之年數，每年加扣50萬元。但親等近者拋棄繼承由次親等卑親屬繼承者，扣除之數額以拋棄繼承前原得扣除之數額為限。 • 被繼承人遺有父母者，每人得自遺產總額中扣除123萬元。 • 前三款所定之人如為《身心障礙者權益保障法》規定之重度以上身心障礙者，或《精神衛生法》規定之嚴重病人，每人得再加扣618萬元。 • 被繼承人遺有受其扶養之兄弟姊妹、祖父母者，每人得自遺產總額中扣除50萬元；其兄弟姊妹中有未成年者，並得按其年齡距屆滿成年之年數，每年加扣50萬元。 • 被繼承人死亡前，依法應納之各項稅捐、罰鍰及罰金。

3

表3-4　遺產稅的內容（續）

	遺產稅
	• 被繼承人死亡前，未償之債務，具有確實之證明者。 • 被繼承人之喪葬費用，以123萬元計算。 • 執行遺囑及管理遺產之直接必要費用。 • 被繼承人之配偶依《民法》第1030-1條之規定主張配偶剩餘財產差額分配請求權者，納稅義務人得向稽徵機關申報自遺產總額中扣除。
免稅額（《遺產及贈與稅法》第18條）	1,333萬元，軍警公教人員因執行職務死亡者，加倍計算。

表3-5　贈與稅的內容

	贈與稅
納稅義務人（《遺產及贈與稅法》第7條）	原則上為贈與人，有例外的規定。
課稅公式	• 贈與總額 = 贈與財物價值 – 不計入贈與總額之金額 • 贈與淨額 = 贈與總額 – 扣除額 – 免稅額 • 應納稅額 = 贈與淨額×稅率 – 累進差額
視同贈與（《遺產及贈與稅法》第5條、第5-1條）	例如下列情形，因為性質上等同於贈與，所以會被認為應課徵贈與稅。詳細情形，可再參照《遺產及贈與稅法》的規定。 • 以自己之資金，無償為他人購置財產者，其資金。但該財產為不動產者，其不動產。 • 因顯著不相當之代價，出資為他人購置財產者，其出資與代價之差額部分。 • 二親等以內親屬間財產之買賣。但能提出已支付價款之確實證明，且該已支付之價款非由出賣人貸與或提供擔保向他人借得者，不在此限。

表3-5　贈與稅的內容（續）

	贈與稅
不計入贈與總額之金額（《遺產及贈與稅法》第20條）	例如下列情形，則不計入贈與總額。詳細情形，可再參照《遺產及贈與稅法》的規定。 • 捐贈各級政府及公立教育、文化、公益、慈善機關之財產。 • 扶養義務人為受扶養人支付之生活費、教育費及醫藥費。 • 配偶相互贈與之財產。 • 父母於子女婚嫁時所贈與之財物，總金額不超過100萬元。
扣除額（《遺產及贈與稅法》第21條、《遺產及贈與稅法施行細則》第19條）	例如下列情形，為贈與稅計算之扣除額。詳細情形，可再參照《遺產及贈與稅法》的規定。 • 贈與附有負擔者，由受贈人負擔部分。 • 不動產因為贈與移轉而發生的土地增值稅及契稅。
免稅額（《遺產及贈與稅法》第22條）	244萬元

3-3-3 保險

　　為因應未知無常的人生，而就可能的財產損失或支出需求之風險，預為妥善規劃準備時，即可考慮善用保險。是在進行 ATP 之「財務面」規劃時，即不能忽視保險的重要性。但此處所強調之保險，並不包含基於投資、儲蓄，甚且是資產分配傳承之目的。而是指基於 AFP，就「醫療面」、「照護面」及「財務面」之「生活事務」與「身後事務」，於進行具體計畫下，所需求費用之財源確保，而配合進行之保險規劃。是以，

以下即從「醫療面」、「照護面」及「財務面」之「生活事務」
與「身後事務」所需求之費用項目，加以介紹相關之保險議
題。至於具體應該購買何種保險？以及各保險之詳細內容，建
議仍宜諮商保險專家後，基於本身之規劃需求，予以檢討決定。

3-3-3-1 「醫療面」所需求費用之保險規劃

　　凡人皆可能因疾病（含癌症或其他重大疾病等）、意外
傷害等情事，而致身體健康受到傷害，以致必須接受醫療之需
求。而此醫療之需求，即伴隨著醫療費用之發生。另所發生醫
療費用之項目，主要可分為門診費用及住院費用。門診費用可
能會有門診手術費用、藥物費用、醫療器材費用及其他費用。
而住院費用則可能會有住院病房費用、住院手術費用、藥物費
用、醫療器材費用及其他費用。因此，就上述發生醫療費用之
風險，於本身之 AFP 中，預先購買所需之醫療保險（健康保
險）、傷害保險，甚且癌症保險等，即甚為重要。

3-3-3-2 「照護面」及「生活事務」所需求費用之保險規劃

　　因疾病（含癌症或其他重大疾病等）、意外傷害等情事，
而致身體健康受到傷害，雖經接受醫療診治下，如萬一無法完
全痊癒而回復先前的健康狀態，甚至造成失能（失去工作能
力）的結果，或是因年齡老化而身體機能逐漸退化等情形，以
致日常生活必須接受長期照護，又或者身體雖未失能或退化而
僅是考量養老之日常生活照料需求時，即可能在上述醫療需求
外，另於日常生活面，額外產生照護（養老）之需求。而此照
護（養老）之需求，即伴隨著照護（養老）所需費用之發生。
因此，就上述照護（養老）費用需求之因應，於本身之 AFP

中，在預為購買所需之醫療保險（健康保險）、傷害保險，甚且癌症保險等之際，即應一併納入萬一陷入失能狀況、老化及養老下所需照護之因應。同時，亦宜考量另為購買長期照護保險、特定傷病保險（失智險）或失能保險（安養、生活扶助）、年金保險及人壽保險（生存保險）等而為因應。

3-3-3-3 「身後事務」所需求費用之保險規劃

　　「醫療面」、「照護面」及「生活事務」所需求費用之保險規劃，係因應生前之需求，所進行之預為準備、超前部署。惟如從 ATP 之全面計畫而言，就身後事務一併予以檢討、預為計畫，亦有其必要。而身後事務之內容，主要為殯葬事務、遺產處理及遺族照顧等。而此身後事務之處理，亦均伴隨著相關費用之發生。因此，就上述身後事務費用需求之因應，於保險面之規劃做法上，亦得考量以購買人壽保險（死亡保險）方式，予以因應。

　　另就身後事務之遺族照顧所需費用部分，除得規劃購買人壽保險（死亡保險），而以遺族為保險受益人之方式外，如考量一次予遺族高額保險金，而擔心遺族無法妥為管理保險金者，亦得同時搭配信託，而成立「保險金信託」，將保險金作為信託財產，遺族同為委託人及受益人，在信託運作下而以保險金照顧遺族。

BOX 3-2　保險金信託

- 於此所指之保險金信託，係指本人要求保險契約（人壽保險／死亡保險）中所指定之保險金受益人（遺族），

以信託委託人（兼受益人）之身分，與信託業者簽訂
「保險金信託契約」，並通知或指示所投保之保險公
司，於保險事故發生後，將應給付之保險金，直接存入
信託業者之保險金信託專戶，而作為信託財產，由信託
業者依保險金信託契約之約定管理運用，並支付信託利
益予信託受益人（遺族）。需注意者是，如考量以保險
金信託方式照顧遺族（例如父母照顧子女）時，因保險
金受益人係為遺族（子女），必須由遺族（子女）親自
作為信託之委託人及受益人。

• 透過保險金信託契約，由信託業者依信託契約，忠實妥
善管理及運用信託財產（保險金）（例如定期匯款固
定金額以防止揮霍或遭他人覬覦、僅限於固定用途，方
能提領等或提供專業投資理財規劃等），就較能確保以
「保險」方式，達成照顧遺族之目的。

3-3-4 意定監護

　　意定監護制度，是我國「成年人監護制度」之一環。在
原有的「成年人監護制度」下，只有在受監護人因「精神障礙
或其他心智缺陷，致不能為意思表示或受意思表示，或不能
辨識其意思表示之效果」時，受監護人本人或其利害關係人
（見 BOX 3-3）才能聲請法院選定監護人，由監護人為受監
護人代為意思表示或受意思表示（下稱此類監護人為「法定監
護人」）。由於受監護人陷入得受監護宣告之狀態，有些是猝
不及防（例如：車禍、事故等外傷所導致之腦部受損），突如

其然地陷於無法為意思表示、受意思表示，或辨識其意思表示之狀態，故就法定監護人之選任，及法定監護人如何行使其職權，受監護人通常已無從表示意見，只能依法處理。

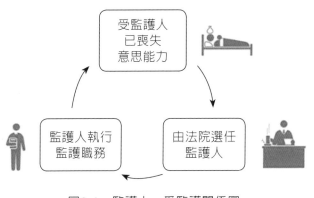

圖3-1　監護人、受監護關係圖

資料來源：中華民國智障者家長總會，https://www.papmh.org.tw/services/597

BOX 3-3　利害關係人的範圍

　　依《民法》第14條第1項規定，所謂利害關係人，包含「配偶、四親等內之親屬、最近一年有同居事實之其他親屬、檢察官、主管機關、社會福利機構」等。

　　基於「尊重本人之意思自主」原則，加以我國目前已邁入高齡社會，隨著高齡人口的增加，須有更完善、更符合人性尊嚴之成年監護制度，以完善《民法》監護制度，我國立法院於2019年5月24日三讀通過，並於同年6月19日經總統公布《民法》第四編第四章第三節「意定監護」制度。而所謂「意定監

護」制度，係指在當事人並未喪失意思能力（見 BOX 3-4）
之「前」，就由當事人本人與其指定的意定監護人訂定書面契
約，約定在當事人本人喪失意思能力，並有依法聲請監護宣告
之原因時，意定監護人有權向法院對當事人聲請監護宣告，並
請求法院選任意定監護人為該當事人的監護人，該意定監護人
之職權行使，必須依意定監護契約中之條款為準。簡言之，透
過意定監護契約之締結與執行，可使當事人本人縱使於意思能
力喪失後，仍然可依其喪失意思能力前之意願，決定未來的監
護人，以及該監護人得以為本人決定之事項及其內容，不僅可
省去法院審酌適格監護人之時間，更可透過本人直接之意思展
現，減少監護人就受監護人之身心照護及財產管理上之監護決
定爭議。

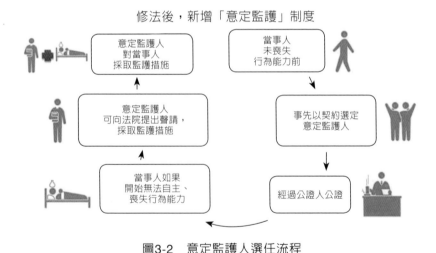

圖3-2　意定監護人選任流程

資料來源：中華民國智障者家長總會，https://www.papmh.org.tw/services/597

BOX 3-4　**什麼是意思能力？**

- 我國《民法》只對於「行為能力」，有明文規範，一般係指「能為獨立意思表示，發生財產上法律效果之能力」；但我國《民法》對於「意思能力」之定義，則無明文規範。
- 「意思能力」可指係本人就本身的行為或其效果，具有能夠正常判斷、識別及預期之精神能力。「行為能力」之有無，需以是否具有「意思能力」為基礎。
- 常見意思能力喪失的情況，包含失智、因身體損傷而昏迷、精神錯亂等。

　　依照現行法律規定，意定監護人與本人間，可以約定報酬金額，或是聲請法院酌定報酬金額，也可以約定無須給付報酬。另就意定監護人之人數，法律也沒有任何限制，當事人可以自行決定其選任意定監護人之人數、各意定監護人職務範圍及先後次序等。

3-3-5 信託

3-3-5-1 意義

　　所謂「信託」，是指「委託人」將財產（信託財產）透過信託行為（如信託契約、遺囑）移轉或處分給「受託人」，由「受託人」為「受益人」（可能是委託人自己或其他第三人）的利益或其他信託目的，管理或處分該信託財產的一種法律關係。

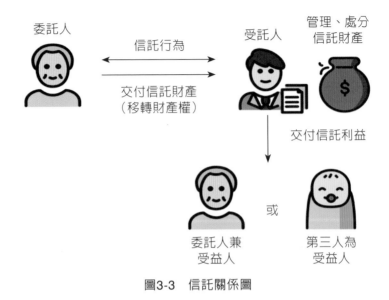

圖3-3　信託關係圖

3-3-5-2 信託特色

(1) 透過信託關係的建立，信託財產不再屬於委託人的自有財產，委託人無法再任意處分。較可避免高齡者因財產管理不當導致財產減少，或被詐騙等問題。

(2) 信託財產也不屬於受託人的自有財產，信託財產較不會因為受託人死亡、破產或欠債等（被債權人強制執行）而受影響。

(3) 有關信託財產的管理、使用方式，原則上，委託人得與受託人自由約定。高齡者可約定按時給付給自己（生活費）、其他機構（安養機構）、子女（照顧子女），也可賦予受託人自行衡量增減金額的權利。

(4) 受益人不用取得信託財產所有權，就可享受信託利益。較可避免高齡者直接將財產移轉（贈與）給子女的情況下，子女恣意揮霍，或反悔不願繼續照顧高齡者等問題。

(5) 即便委託人死亡、喪失意思能力，受託人仍應依照信託契約繼續履行。較可避免高齡者將財產保留在身邊的情況下，因死亡或喪失意思能力（如失智），導致原先所規劃財產管理或照顧子女的目的無法達成。

BOX 3-5　**信託的其他功能**

　　除以上特色外，信託也有投資增值（委由受託人理財）、資產管理（委由受託人管理不動產）、企業經營（將股份信託交由專業經理人經營）、照顧弱勢（設立公益信託）等功能喔！

3-3-5-3 信託當事人

(1) 委託人

　　原則上須為信託財產所有權人，且①在簽立信託契約的情形，須為完全行為能力人（年滿 20 歲的成年人或未成年人已結婚；自 2023 年開始，改為僅年滿 18 歲的成年人），或限制行為能力人（年滿 7 歲未滿 20 歲；自 2023 年開始，改為年滿 7 歲未滿 18 歲）但經法定代理人同意；或②在設立遺囑信託的情形，須年滿 16 歲具遺囑能力。如果為受輔助宣告人，另須經過輔助人同意。

(2) 受託人

　　須爲年滿 20 歲（自 2023 年開始改爲 18 歲）之成年人，且未受監護宣告、輔助宣告或破產。如受託人是以受託爲業，則須符合《信託業法》所規定的信託業者（可參考中華民國信託業商業同業公會會員名錄）。

(3) 受益人

　　並無特別資格限制，且於設立信託時可爲「尚不特定」的人（如以某次考試成績最高的學生爲受益人），或「尚未存在」的人（如尚未出生的胎兒）。

3-3-5-4 信託財產

　　原則上，只要屬財產權，且可透過金錢換算、可移轉、積極、確定、合法者，均可成爲信託財產。如存款（金錢）、動產（汽車）、不動產（土地、房屋）、有價證券（股票）、智慧財產權（專利權、商標權）、保險金請求權等。

BOX 3-6　信託無效的情形

　　非合法的信託標的如：名譽權、姓名權（非財產權）、商譽（不確定）、債務（消極財產）、單獨移轉抵押權（無法與債權分離）；信託的目的違反法律強制禁止規定，或違反公共秩序或善良風俗；信託的目的爲進行訴願或訴訟等。

3-3-5-5 信託類型

(1) 依受益人類型的不同，可區分為「自益信託」（委託人為受益人）、「他益信託」（第三人為受益人）及「自益及他益混合信託」（委託人、第三人均為受益人）。

(2) 依信託成立的方式不同，可區分為「契約信託」（透過信託契約成立）、「遺囑信託」（透過遺囑成立）及「宣言信託」（透過對外宣言方式成立，我國僅限公益信託）。

(3) 依信託的目的涉及公益或私益，可區分為「公益信託」及「私益信託」。

3-3-5-6 信託監察人

(1) 意義

　　所謂「信託監察人」，是指在信託法律關係中，所另外設立，用以監督受託人、保障受益人的利益，及確保信託目的達成的角色。

　　在受益人不特定（如以某次考試成績最高的學生為受益人）、尚未存在（如胎兒）或有保護受益人利益的必要（如受益人為未成年人或人數眾多等）時，利害關係人或檢察官可以聲請法院選任信託監察人。不過，即便不符合以上情形，委託人也可以透過信託行為（在信託契約或遺囑內），自行選定信託監察人。此外，在公益信託的情形，依法必須設立信託監察人。

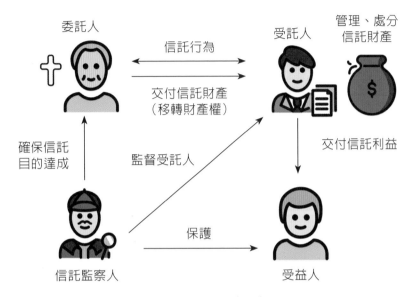

圖3-4　信託監察人關係圖

(2) 信託監察人權限

　　① 為受益人為訴訟上行為：對受託人違反信託本旨的處分行為，聲請法院撤銷；在受託人違背職務時，聲請法院解任受託人；信託財產遭強制執行時，提起異議之訴等。

　　② 為受益人為訴訟外行為：如受託人管理不當或違反信託本旨處分財產時，請求損害賠償、減免報酬；請求閱覽帳簿、信託目錄、收支計算表等。

　　③ 信託契約或遺囑內特別訂定的事項：如明定信託財產管理方法的變更，或信託契約的提前終止，必須經信託監察人同意。

BOX 3-7　**信託監察人的其他任務**

　　除了監督受託人的行為、確保信託目的之達成外，信託監察人也可能須負擔其他義務。例如社會福利團體為心智障礙的受益人擔任信託監察人時，也可能會約定，需要定期訪視受益人的生活狀況，並向委託人提出訪視報告。

(3) 信託監察人資格

　　只要年滿 20 歲的成年人（自 2023 年開始改為 18 歲），且未受監護宣告、輔助宣告或破產者，原則上即可擔任信託監察人。

3

BOX 3-8　**「合適」的信託監察人**

　　雖然「只要」符合擔任信託監察人之資格，即得擔任信託監察人，但為確實達到設立信託監察人之目的，選任時宜特別考慮以下事項：

- 具備法律專業：以確保信託監察人有足夠能力監督受託人，並在必要的時候為受益人為訴訟上行為。
- 不具利害關係：以確保信託監察人可公正客觀執行任務，貫徹委託人的意志，不會輕易受人情壓力、利益等影響。

3-3-6 遺囑

3-3-6-1 遺囑學問大

您是否曾思考，要如何把一輩子打拚的成果，留給家人或是想照顧的對象呢？

《民法》上，將我們在身故後留下來的財產，稱為「遺產」，並且透過「繼承」制度，讓我們的財產可以傳承給其他人。繼承這些財產的人，稱為「繼承人」。而能夠讓我們事前安排誰可繼承、並決定誰能分到什麼財產的 ATP ／ AFP 工具，就是「遺囑」。

在說明什麼是「遺囑」、怎麼擬「遺囑」前，我們先了解一下，在不做任何安排的情況下，究竟遺產會是如何分配的呢？

3-3-6-2 繼承簡介

依《民法》第 1138 條規定，除配偶是當然的繼承人外，如果還有其他親屬，則會依以下「繼承順位」，採順位遞補方式，來決定誰有權繼承遺產。原則上，當同一順位的繼承人均死亡或拋棄繼承時，才會由下一順位的繼承人繼承。

(1) 第一順位：直系血親卑親屬（例如：子女、孫子女、曾子孫女）。

(2) 第二順位：父母。

(3) 第三順位：兄弟姊妹。

(4) 第四順位：祖父母。

舉例來說，如果在身故時，配偶及父母還在世，但沒有子女等直系血親卑親屬時，將會由第二順位的父母，與當然繼

承人配偶共同繼承遺產，第三順位的兄弟姊妹則無法繼承。另外，由直系血親卑親屬繼承時，也是親等比較近者優先。例如：如身故時僅剩下子女跟孫子女在世，則會由子女優先繼承。

BOX 3-9　親等

　　親等是指區分親屬關係遠近之單位。計算直系血親之親等，視直系血親間隔了幾世代，即為幾親等。而旁系血親之親等，則須先計算到共同的祖先，再由共同的祖先計算到對方，合計共幾世代即為幾親等。

　　而《民法》中定有各個繼承人繼承遺產的比例，稱為「應繼分」。在我們不做任何與法律所規定之不同安排下，如果有複數繼承人時，將依照「應繼分」的比例分配遺產，詳參表 3-6。

表3-6　繼承人之法定應繼分整理

順位	當然繼承人	第一順位	第二順位	第三順位	第四順位
身分	配偶	直系血親卑親屬	父母	兄弟姊妹	祖父母
應繼分					
比例	均分	均分	—	—	—
	1/2	—	1/2	—	—
	1/2	—	—	1/2	—
	2/3	—	—	—	1/3

　　例如：身故時，配偶跟兩名子女在世，即會有三人共同繼承遺產，每人繼承 1/3（三人均分），若身故時是配偶跟父母等三人共同繼承的話，則是由配偶單獨繼承 1/2，另由父母平分剩餘 1/2（即各自繼承 1/4）。

　　而我們的遺產雖然可能包括各種類型（例如：土地、房屋、股票、存款等），但在為「遺產分割」前，繼承人會共同繼承所有的遺產的每一部分（包含所有財產及債務等）。因此，前述的比例只是抽象的分配，至於各個繼承人到底會取得哪個財產，則是要視「遺產分割」的結果而定。

3-3-6-3 遺囑意義

　　雖然有前述的「應繼分」規定，但《民法》允許我們事前以「遺囑」分配遺產。具體而言，我們可以透過遺囑，調整各個繼承人的分配比例（指定應繼分）、決定哪個繼承人要取得某個特定的財產（指定遺產分割方式），甚至可以決定要把遺產分給某個法定繼承人或其他人（遺贈）。

> **BOX 3-10　遺贈**
>
> 　　遺贈是指以遺囑，將財產無償給與他人的行為。因是以遺囑為贈與故稱遺贈，且因於遺贈人死亡後始發生贈與效力，與生前贈與係於贈與人生前即發生贈與效力而有不同。

　　除此之外，我們也可以用遺囑指定遺囑執行人、未成年人之監護人、保險金受益人或成立信託等。另外，也可以在遺囑

中寫出人生感言、交代親友的話，安排身後事（喪葬安排、私物處理、帳號密碼管理）、留下對子女的期待或囑託等。

　　依照《民法》規定，滿 16 歲且未受監護宣告之人，便可以立遺囑。但《民法》對於遺囑的做成方式，要求十分嚴格。依照「自書遺囑、公證遺囑、密封遺囑、代筆遺囑、口授遺囑」等五種不同的方式（如表 3-7 各項遺囑之整理），有各自的程序要求。只要任一程序有瑕疵，遺囑的效力將會發生問題。

表3-7　各項遺囑之整理

種類	做成方式
自書遺囑	自書遺囑者，應自書遺囑全文，記明年、月、日，並親自簽名；如有增減、塗改，應註明增減、塗改之處所及字數，另行簽名。
公證遺囑	公證遺囑，應指定二人以上之見證人，在公證人前口述遺囑意旨，由公證人筆記、宣讀、講解，經遺囑人認可後，記明年、月、日，由公證人、見證人及遺囑人同行簽名，遺囑人不能簽名者，由公證人將其事由記明，使按指印代之。
密封遺囑	密封遺囑，應於遺囑上簽名後，將其密封，於封縫處簽名，指定二人以上之見證人，向公證人提出，陳述其為自己之遺囑，如非本人自寫，並陳述繕寫人之姓名、住所，由公證人於封面記明該遺囑提出之年、月、日及遺囑人所為之陳述，與遺囑人及見證人同行簽名。
代筆遺囑	代筆遺囑，由遺囑人指定三人以上之見證人，由遺囑人口述遺囑意旨，使見證人中之一人筆記、宣讀、講解，經遺囑人認可後，記明年、月、日及代筆人之姓名，由見證人全體及遺囑人同行簽名，遺囑人不能簽名者，應按指印代之。

表3-7　各項遺囑之整理（續）

種類	做成方式
口授遺囑	遺囑人因生命危急或其他特殊情形，不能依其他方式為遺囑者，得依下列方式之一為口授遺囑： • 由遺囑人指定二人以上之見證人，並口授遺囑意旨，由見證人中之一人，將該遺囑意旨，據實做成筆記，並記明年、月、日，與其他見證人同行簽名。 • 由遺囑人指定二人以上之見證人，並口述遺囑意旨、遺囑人姓名及年、月、日，由見證人全體口述遺囑之為真正及見證人姓名，全部予以錄音，將錄音帶當場密封，並記明年、月、日，由見證人全體在封縫處同行簽名。

　　因口授遺囑限於「因生命危急或其他特殊情形」才能做成，因此建議還是以「自書遺囑、公證遺囑、密封遺囑、代筆遺囑」等四種方式之一，作為ATP ／ AFP之計畫工具較為妥適。

　　其中，自書遺囑必須親筆書寫遺囑全文，且如有增減、塗改，應註明增減、塗改之處所及字數，要求最為嚴格。此外，做成公證遺囑、密封遺囑及代筆遺囑時，均有見證人之人數限制，且見證人必須有完全行為能力以及有資格之限制。如果沒有依法定方式做成遺囑，則遺囑將來有遭爭執無效之可能，不可不慎。

BOX 3-11　遺贈見證人之資格限制

　　下列之人，不得為遺囑見證人：
• 未成年人。
• 受監護或輔助宣告之人。
• 繼承人及其配偶或其直系血親。
• 受遺贈人及其配偶或其直系血親。
• 為公證人或代行公證職務人之同居人助理人或受僱人。

3-3-6-4 立遺囑的6大步驟

　　遺囑最主要的內容，便是預先就身故後之遺產，於生前預為進行分配。在做成遺囑前，建議可參考以下 6 大步驟完成遺產分配後，並視需要追加遺產分配以外之內容（例如：安排身後事、留下對子女的期待或囑託等）。

(1) 釐清自己的財產

　　建議可以按不動產（土地、房子）、動產（汽機車、現金、珠寶、黃金、古董名畫、高爾夫球證或股票、基金、債券等）、債權（銀行存款、合會、為他人投保並由自己擔任要保人之保單等）及債務（名下貸款等）等類別，將自己的財產狀況整理成清單，才知道如何做適當的分配。

　　如果不清楚自己的財產狀況的話，也可以向國稅局申請查詢「全國財產稅總歸戶清單」，可大致掌握財產之狀況。

(2) 確認誰是法定繼承人

　　可參考前述「繼承順位」試著畫出自己的「繼承系統表」，以特定法定繼承人，並計算「應繼分」，了解如果我們不做任何安排的情況下，究竟遺產會是如何分配。

(3) 思考是否有遺贈之對象

　　遺贈，就是遺囑人透過遺囑，將自己的財產上利益於身故後無償讓與他人的行為。可以遺贈給法定繼承人（某個繼承人多給一點），也可以贈與給法定繼承人以外的任何人（包括法人或宗教團體等）。

(4) 思考財產分配之方式

　　在掌握財產狀況後，可以透過遺囑適當地按自己的想法

分配遺產。寫法上必須儘可能特定擬分配之財產及對象，例如：「○○市二小段地號 XXX 土地及地上建物由長子獨自繼承」、「門牌號碼○○市復興西路 186 號土地及地上建物由王大郎及王二郎各自繼承 1/2 應有部分」或是「所有財產的分配如下，長子繼承 1/2，其餘由長女及配偶各自繼承 1/4」。而在多人共有的情況下，持分比例必須記載清楚，避免將來發生爭議。

　　我們在分配遺產時，也必須留意到《民法》上「特留分」的概念。

　　法律為了保障法定繼承人的權益，要求縱使被繼承人以遺囑處分遺產或為遺贈時，仍應「保留一定特別比例」即所謂「特留分」予法定繼承人。而「特留分」的比例即為「應繼分」之 1/2，如表 3-8 所示。

表3-8　特留分之整理

順位	當然繼承人	第一順位	第二順位	第三順位	第四順位
身分	配偶	直系血親卑親屬	父母	兄弟姊妹	祖父母
應繼分					
比例	均分	均分	─	─	─
	1/2	─	1/2	─	─
	1/2	─	─	1/2	─
	2/3	─	─	─	1/3
特留分	應繼分的 1/2	應繼分的 1/2	應繼分的 1/2	應繼分的 1/3	應繼分的 1/3

　　而當被繼承人以遺囑處分遺產或為遺贈，而侵害法定繼承人的「特留分」時，受侵害人可以對「多拿的人」主張「扣減權」，將受侵害的部分要回來。例如：身故時，配偶跟兩名子女在世，配偶及子女每人繼承 1/3（應繼分），則每個繼承人的「特留分」為 1/6（1/3×1/2）。此時，如果被繼承人立遺囑表示：「所有的遺產將由長子單獨繼承。」則配偶及另一名子女將可對長子行使「扣減權」，並主張每人至少應得繼承 1/6 遺產。

3-3-6-5 預留遺產稅之稅源

　　依現行法，遺產淨額在扣除免稅額及扣除額後如仍有剩餘，按金額高低需繳納 10% 至 20% 的遺產稅。因遺產稅未繳清前，繼承人不得分割遺產、交付遺贈或辦理移轉登記。實務上也常見長輩留下大筆遺產，而繼承人手頭上卻沒有足夠的現金能繳納遺產稅。

　　如繼承人繳不出遺產稅，只能視情形申請延期、分期繳納或申請實物抵繳。程序上較為繁瑣，因此或得考慮預留存款，並於遺囑中指定以該存款，作為繳納遺產稅使用，並在有剩餘之情況下由繼承人繼承。

　　又因被保險人為被繼承人之人壽保險，如有指定受益人的話，保險金在《民法》上不會被計入被保險人的遺產。因此，也可以為自己投保人壽保險，並指定繼承人為受益人，以壽險保險金作為將來繳納遺產稅的稅源。

(5) 指定遺囑執行人

　　遺囑執行人，是代替被繼承人忠實且公正地實現遺囑內容的人。在就任後，遺囑執行人必須依遺囑之意旨管理遺產，並

爲執行上必要行爲之職務，像是分配遺產、交付遺贈物、訴訟行爲、遺產登記、遺產稅繳納、其他執行上必要行爲等。

　　實務上，常見繼承人對遺產分配安排有意見，鬧到兄弟鬩牆；或是因繼承人年幼，無法自行處理繼承登記事宜；或是擔心繼承人不願意配合執行遺贈等，均可透過遺囑直接指定遺囑執行人。

　　繼承人或受遺贈人均可擔任遺囑執行人，實務上多指定親友擔任，但視情形亦可考慮委由律師、地政士、會計師等擔任。另因遺囑執行人會成爲遺產稅的納稅義務人，因此建議應與屬意之對象事前溝通，並約定遺產稅繳納稅源及遺囑執行人之報酬後，將其記載在遺囑中。

3-3-7 生活事務

3-3-7-1 規劃因應生活事務之必要性

　　高齡者將面對的「意思決定困境」，除得藉由前述 ACP 及 AFP，分別就健康照護面及財務面所涉及之將來健康照護事項（通常多針對較重大的疾病治療或是長照設施之利用，或是重大資產之配置安排等），予以預爲因應、超前部署外，然於確實面臨 ACP 所預想，甚且已預爲決定之狀況發生前，或是於不涉重大資產之配置安排事項時，高齡者於日常生活中，仍需面臨眾多必須即時處理之健康照護及財務事項（例如，至醫院或診所看病、在家之日常起居照顧、至銀行辦理存取款等），甚至從事一些非涉健康照護及財務之事項（例如出外拜訪友人、參加社交活動等）。於此即將此等事項概稱爲高齡者

之生活事務。而高齡者伴隨著年齡的增加、體力的衰退及行動可能不便等狀況，不一定足以妥適因應各項生活事務之處理。是以，如何就高齡者生活事務之需求，預為因應、超前部署，亦應為進行 ATP 時，應予以一併檢討規劃的部分。

3-3-7-2 生活事務之範圍

廣義來說，於日常生活中，所必須因應處理的食衣住行育樂等事務，均可包括於生活事務之範圍內。例如每日三餐的準備、衣物之採買／換洗、居住環境之整理、出外活動的安排等，均可謂是生活事務之一部。甚至如身體不適必須至醫院或診所就診，及伴隨日常生活所需生活費用之管理、支付及保存等，亦是生活事務之一部。是以，生活事務之範圍實甚廣泛。

3-3-7-3 生活事務之因應方式

於高齡者伴隨著年齡的增加、體力的衰退及行動可能不便等狀況，以致不足以妥適因應各項生活事務之處理時，常理上固可能得由家屬協助處理。但基於不想給家屬帶來太多負擔、麻煩，又或是獨居、親族關係較為疏遠等情況下，就生活事務之處理，與可信賴之第三人簽訂所謂「生活事務處理契約」，而委託第三人處理自己的生活事務，即是可能的選項之一。換句話說，即於自己意思能力健全時，藉由簽訂「生活事務處理契約」，委託可信賴之第三人，「依照自己的意思」，而協助自己處理各項生活事務，即為進行 ATP 時，就生活事務之規劃，得為考量因應方式之一。再者，各項生活事務之委任處理，亦常伴隨著必須由本人對受任人為代理授權。亦即，本人亦常需就各項生活事務之委任處理，出具授權書而授權受任人

為代理人。而為明確「生活事務處理契約」之締結及代理權之授與，並降低就此之爭議，建議就上述委任締結及代理權授權事宜，皆宜委請公證人為公認證程序。

BOX 3-12　生活事務處理契約 vs. 意定監護契約

- 「生活事務處理契約」與「意定監護契約」，就契約目的在於委由第三人（如受任人、意定監護人）協助本人之日常生活事務（含財產管理／處分、生活照護的安排等）之處理，可謂類似。而差異在於成立生效是否需經公證及法院之監護宣告，以及本人是否已陷入意思能力不健全的狀態。
- 是在本人仍具意思能力下，惟已需他人立即協助處理生活事務時，「生活事務處理契約」即可期待滿足此等需求，而非必須發生本人確已陷入意思能力不健全的狀態，且法院進而為監護宣告時，再藉由「意定監護契約」予以因應。

BOX 3-13　生活事務處理契約 vs. 持續代理人之選任

- 於英美法制下，有所謂持續代理人（lasting power of attorney／durable power of attorney）制度。亦即，本人於意思能力健全時，就本身之財產管理、或兼及醫療照護等事項，得選任他人為自己的代理人，由該他人依循本人意思而代理本人執行財產或／及醫療照護等事項的制度。

- 就「生活事務處理契約」與持續代理人之選任。差異在於前者係以委任契約的方式，而後者則是採用代理人的形式。然就兩者之目的，均在於委由第三人（如受任人、代理人）協助本人之日常生活事務（含財產管理／處分、生活照護的安排等）之處理而言，可謂類似。同時，於「生活事務處理契約」情形下，可解為通常伴隨著本人對受任人亦授與代為處理生活事務所需之代理權。受任人可同時具有本人之代理人身分，而為明確此代理權之授與，在「生活事務處理契約」之簽訂外，亦常需由本人同時出具代理授權書予受任人／代理人。
- 再者，持續代理人得代理本人為法律行為及事實行為。相對於此，我國《民法》下之代理人，僅得代理本人為法律行為，而不及於事實行為。

3

3-3-8 身後事務

3-3-8-1 因應身後事務之必要性

　　大多數時候，我們無法預期自己會在什麼時候告別這個世界。預先就身後事務做準備，除了可以安排自己希望的告別方式、個人物品的處理外，也可以減少親友們不必要的麻煩及困擾。

　　試想看看，如自己突然離世時，家屬可能不知道自己的手機密碼、銀行存摺、印章或其他重要文件放在哪，而焦急地翻箱倒櫃；又或是對後事安排有不同意見而發生爭執，大多數人應該不會希望留給家屬無盡的悲傷與想念外，還讓他們承受額

外的失措無助。又或是一個人獨居、身邊無其他家屬的時候，透過身後事務預爲規劃，也較不用擔心沒有家人協助處理繁雜的身後事務，並且能預爲決定自己希望的處理方式。

3-3-8-2 身後事務之範圍

通常提及身後事務，大部分會先想到告別式、葬禮等殯葬事項，例如是否通知親戚朋友？要不要舉辦告別式？告別式規模及進行方式？會場布置及遺照選擇？下葬方式（火葬、土葬、樹葬、花葬等）及祭祀方式（佛教、天主教、基督教等儀式）等，前述事項一般可以事先與禮儀社等專業喪葬服務公司討論而預做規劃，並簽訂將來依規劃執行的契約，即所謂的「生前契約」。

但是除此之外，一個人離世之後，還會留下許多生活軌跡，例如個人物品、收藏品、銀行的帳戶及提款卡密碼、水電契約、手機門號、社群軟體帳戶等，個人物品的整理、各種契約的終止、帳號密碼的處理，甚至是寵物的照顧等，也包含在身後事務的範圍內。

綜合上述，基本上身後事務的內容，大致可區分如圖3-5。不過，由於每個人的生活經驗不同，重視的人事物也不一樣，有的人可能不是那麼在意殯葬祭祀安排，或非得通知親友自己離世的消息；有的人可能擔心毛小孩沒有人可以幫忙照顧等。因此，大家也可以依照自己的生活經驗，參照圖 3-5，試著列出屬於自己的身後事務清單！

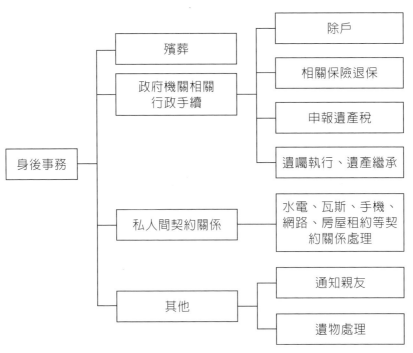

圖3-5　身後事務整理

3-3-8-3 身後事務之處理方式

(1) 生前契約

　　有關告別式、葬禮等殯葬事項，我們可以透過與禮儀社等專業喪葬服務公司簽訂生前契約的方式預先規劃，於選購生前契約商品及簽訂生前契約時，並可參考內政部公告之生前殯葬服務定型化契約範本，及生前殯葬服務定型化契約（自用型）應記載及不得記載事項，確認生前契約業者所提供之生前殯葬服務契約是否符合法令。

(2) 身後事務處理契約

由上述 3-3-8-2 可知，身後事務的範圍不限於喪葬祭祀事項，還涉及個人物品的整理處分等事實行為、各種契約關係的終止及隨之而來的繁雜手續。一般而言這些事項大多是由家屬代為處理。然而，基於不想給家屬帶來太多負擔，又或是獨居、親族關係較為疏遠等情況，就前述不涉及法定遺囑事項的身後事務，與第三人簽訂「身後事務委任契約」，委託第三人處理自己的身後事務，也是可能的選項之一。換句話說，即於自己生前意思能力健全時，委託第三人於自己過世後，「依照自己生前的意思」進行身後事務的處理。

BOX 3-14 **法定遺囑事項**

> 如指定遺產分配、分割處理事項（《民法》第1187條）、遺贈（《民法》第1200條至第1208條）、遺囑執行人之指定（《民法》第1209條）、未成年人之監護人之指定（《民法》第1093條）。

3-4 善生面

凡人終將死亡，只是差別在死亡來臨的早晚而已。德國哲學大師馬丁・海德格（Martin Heidegger）曾說過「向死而生」。也就是說，人人都是以向著死亡的方式而活著。因此，在死亡來臨前，如何好好珍惜有限的生命時光，全力活出自己滿意的完善人生，其實可說是每個人的終生課題。因此，於健

康照護面進行 ACP，於財務面做好 AFP 之外，應該同時規劃實踐 GLP，始能全面做到 ATP。

而 GLP，如同 Chapter 2-1 所述，就是「好活計畫」。好好地把握「當下」到「生命終結時點」間之有限而珍貴的生命期間，努力活出自己滿意、符合自己人生觀、價值觀的人生歷程。於健康照護面，秉持「積極健康觀」，培養充實本身的「健康識能」，做好「健康管理」（如飲食、運動、心理等），且完成 ACP 計畫。另於財務面，則學習強化自身的「財務識能」，妥善「財務管理」，並實踐 AFP。同時於強化修習自己應有的「生命識能」及「死亡識能」下，做好符合自己人生觀、價值觀的「人生管理」，而得於生命終結前，快樂地生活，好好地活出自己所擁有的生命力，享受愉快的生活，完善我們的人生。

不過，享受愉快的生活，完善我們的人生，與其說僅是一個被追求的達成目標，不如認爲應是一個對自己本身的不斷嘗試調整及持續修正的動態變化過程。在此不斷嘗試調整及持續修正的動態變化過程中，不同的人生階段可以有著不同理解及內涵的善生。換言之，善生，不是一個絕對不變而僅有單一內容的靜態結果，反而應該是一個隨著自己人生經驗的累積，同時於接收到周遭環境變遷的影響下，而有機地持續修正的動態變化過程。而此持續修正的動態變化過程，在生命尚未終結前，仍將不斷地繼續推展。進一步說，我們都不只是「向死而生」，更應是「向生而死」。也就是說，在人生的每一刻，都是在覺知調整告別過往死亡之同時，進而邁向新生。把握當下「向生而死」，才能做到符合自己滿意的「向死而生」。因此，對於善生的理解及其內涵的掌握，也將僅是暫定而會有變

化的。加上也因為受到人生經驗的累積，周遭環境的變遷影響，每個人的善生即具有多樣性、相對性、主觀性、暫定性，而應非單一性、絕對性、客觀性、固定性。

為了能享受愉快的生活，完善我們的人生。我們勢必要不斷地藉由探究自己的死生觀、人生意義等議題，才能逐漸具體化，甚而適切地調整自己所追求的善生。而此不斷地藉由探究自己的死生觀、人生意義等議題的過程中，持續地學習、與他人的對話討論，則是不可或缺。且此學習，如能與他人共同投入（即共學），而非僅是個人獨學的話，藉由共學過程的對話討論，當有助於想法的開展及理解的深入。再者，為了能享受愉快的生活，完善我們的人生。我們亦無法與他人、與周遭環境脫離，反而是與他人、與周遭環境，處於彼此連結、相互依存的共生關係。從而，基於彼此連結、相互依存的共生關係，理應從事利他服務，以深化維繫穩定的共生關係，更進而厚實生命的價值、人生的意義。

基於上述，於善生面，建議可培養強化：(1)「健康力」（即做好健康管理 + 進行 ACP 的能力）；(2)「財務力」（即做好財務管理 + 進行 AFP 的能力）；(3)「學習力」（即持續學習、深化理解及實踐與他人、環境共生的能力）；及 (4)「服務力」（即從事利他行動的能力）。而此四力之發展，將綜合共同建構所謂「善生力」（即享受愉快的生活，完善人生的能力）。四力愈加強化、提升，即得進而增強「善生力」。且「善生力」之強弱，並非繫於四力之一而單獨個別決定，而是繫於四力之共同建構。再者，此四力之強弱並非均等，且發展上亦非全然一致，勢將隨著年齡的增長、人生經驗閱歷的增加，而相互影響致增強或趨弱而變動。另於「善生力」愈強

下，當步入人生最終階段時，亦較可期待能具有面對死亡的到來及安穩地渡過此歷程的能力（善終力）。換句話說，直至死亡時點到來前之生命期間／人生歷程所產生之「善生力」強弱，將影響到上述「善終力」之強弱，進而左右是否能獲得所謂「善終」（good death）的結果。

是以，「善終」能否獲得？並非僅憑單一之所謂「預立醫療決定」的簽署或是所謂「遺囑」的預立等文件的存在，而應視「善終力」之強弱。而穩定強固之「善終力」，則繫於是否培養強化及提升「善生力」。另「善生力」之強弱，又受到「健康力」、「財務力」、「學習力」及「服務力」的影響。從而，培養強化及提升「健康力」、「財務力」、「學習力」及「服務力」，以形塑建構堅實而有厚度的「善生力」，再進而強化「善終力」，方可期待「善終」結果的獲取。「善終」的取得，應是於生命期間／人生歷程中，藉由上述「健康力」、「財務力」、「學習力」、「服務力」、「善生力」及「善終力」的長期動態變化過程之培養強化及提升累積下而自然而生，當無法僅藉由形式外觀上之「預立醫療決定」或是「遺囑」等文件的預立存在，即可簡易而速食式地達成吧！

BOX 3-15　臨終（dying）vs. 活著（living）

- 在生命即將終結前，我們往往較容易立於將要到來的死亡結果，而祈求所謂的「善終」、「好死」，並將此過程稱為「臨終」，關注在死亡面向。

- 但如仔細觀察，即會發現在死亡時點真正到來前，其實我們都還是「活著」。因此，縱使是立於死亡面向觀察之「臨終」期間，如站在生命的角度來說，其實仍是一

個「活著」期間。

• 是以,「臨終」期間,也是「活著」期間。則與其只
是關注「臨終」如何,而祈求「善終」;不如站在
「活著」的面向,努力「善生」（good life）、「好
活」（living fully）到最後一刻,是否更容易達到「善
終」、「好死」？

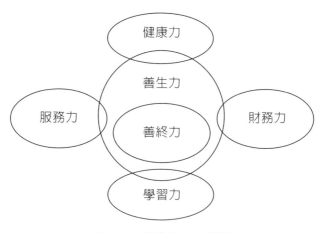

圖3-6　善終六力之整理

　　最後,如同前述,我們無法與他人、與周遭環境脫離,
反而是與他人、與周遭環境,處於彼此連結、相互依存的共生
關係。因此,前述「服務力」之利他行動的對象,當不僅限於
他人,亦應包括環境在內。是以,於2012年聯合國在巴西里
約所召開之地球高峰會（Rio+20）上,一致決議通過之永續
發展目標（Sustainable Development Goals, SDGs）,於善生
面之實踐,其實也不應忽略。從而,鼓勵民眾於日常生活中,

也能對 SDGs 之 17 項目標予以實踐，而由聯合國「永續消費與生產 10 年計畫」（the United Nations' 10 YFP Sustainable Lifestyles and Education programmes, UN 10YFP）與永續顧問公司 Futerra 共同發布之所謂及「美好生活目標」（Good Life Goals[7]），亦得成為善生面對周遭環境之實踐指標。

BOX 3-16　永續發展目標（SDGs）

- SDGs是接續2000年聯合國千禧年大會所通過之「千禧年宣言」（Millennium Development Goals, MDGs），於2012年聯合國在巴西里約所召開之地球高峰會（Rio+20）上，一致決議所通過。
- 係將以經濟導向為主之MDGs的8項目標，擴大到包含環境社會層面之SDGs的17項目標（goals）及169項的細項目標（targets）。
- 而「美好生活目標」（Good Life Goals）是將SDGs嘗試落實到每個人日常生活的指標。強調不是只有國家、大企業、組織才負有推動落實SDGs之責任，包括每個人在日常生活中，即應實踐Good Life Goals，而為SDGs目標之落實而共同努力。
- 聯合國另有推出所謂「The LAZY PERSON'S guide to SAVING the WORLD」也是屬於鼓勵每個人於日常生活中，努力實踐SDGs目標之指引。

---

[7]　有關Good Life Goals之介紹，可參https://sdghub.com/goodlifegoals/（最後瀏覽日：2021年10月24日）。另外，The LAZY PERSON'S guide to SAVING the WORLD，可參https://www.un.org/sustainabledevelopment/takeaction/（最後瀏覽日：2021年10月24日）。

Memo

Chapter 4

ATP工具箱 + 案例演習

於 Chapter 3 介紹「預立樂活善生計畫」（ATP）的各具體面向後，Chapter 4 將進一步就醫療面、照護面、財務面（儲蓄、生前贈與、保險、意定監護、信託、遺囑、生活事務、身後事務）與善生面等面向，以案例方式，演習解說如何利用各種工具，進行 ATP 的具體規劃。

4-1 打開ATP工具箱

　　藉由 Chapter 1 理解台灣邁向超高齡社會的趨勢與課題（意思決定困境及臨終場所短缺），以及得以 ATP 作為因應前述課題之做法，並由 Chapter 2 進一步掌握 ATP 是包含「健康照護面」及「財務面」之 2A +「善生面」之 1G（即 ACP + AFP + GLP）。再經 Chapter 3 從醫療面、照護面、財務面（儲蓄、生前贈與、保險、意定監護、信託、遺囑、生活事務、身後事務）與善生面等面向，更進一步理解 ATP 的詳細內容後，於 Chapter 4 介紹現有關於醫療面、財務面之預為規劃（planning ahead）之國內外一些規劃工具，並透過案例演習方式，分別再依循以上醫療面等面向，更具體地介紹規劃 ATP 之實踐。

4-1-1 國外的規劃工具

　　主要以美日為主，已有一些如何進行醫療面、財務面預為規劃的工具。有些工具是偏重於醫療面，有些則兼及財務面。雖與本書所介紹除併重「健康照護面」及「財務面」外，亦強調回到以本人為中心之「善生面」預為規劃之 ATP，容有些許差異，但仍值得作為進行 ATP 相關規劃之參考工具。

4-1-1-1 Go Wish卡

　　由美國 CODA Alliance 所開發及銷售的一種卡牌遊戲。目的在藉由卡牌遊戲的輕鬆、娛樂方式，幫助使用者思考及討論，萬一罹患重病時，對自己來說，什麼是重要的事項。例如

家屬的陪伴、不想要維生治療等。共有 36 張載有各種重要事項內容的卡片，其中 1 張是所謂「通用卡」（wild card），持有此卡可表達未記載於其他 35 張卡牌之內容。而遊玩方式，可以 1 人獨遊、2 人同遊或 3 人以上共遊。

　　在日常生活中，涉及死生之重大醫療選項，甚且死亡議題，通常不易觸及，甚且不常與家屬等親近人士輕易地開啓話題。惟透過共遊 Go Wish 卡之方式，較可期待觸發與家屬等親近人士，開啓此等議題的對話討論及溝通，而增進彼此間就此等議題的想法、意願，以及喜好等之理解。且如本人有選任前述「醫療委任代理人」（HCA）者，亦鼓勵本人能與醫療委任代理人共遊 Go Wish 卡，而令醫療委任代理人能更理解本人有關醫療選項的價值觀、喜好等，有助於需要時，醫療委任代理人得做出更符合本人意願等之代替決定（SDM）。由以上說明可略知，Go Wish 卡比較偏向於進行規劃 ACP + 身後事務之應用工具。詳細可參照下述網站之介紹：http://www.gowish.org/。

4-1-1-2 Hello Game

　　由美國 Common Practice 出版的 Hello Game 是一款簡單易玩的對話遊戲，將與臨終相關的生死問題，以小冊子的方式呈現，透過與朋友和家屬共同遊戲，深刻地思考及對話，例如：「如果生命只剩下最後的 3 個月，有哪些事情是必須要做的？」、「如果需要有人協助如廁，希望由誰協助？」等問題。Hello Game 包括 5 本問題小冊子（question booklets）、30 枚感謝幣（thank-you chips）及指引（instructions）。Hello Game 也是屬於比較偏向進行規劃 ACP + 身後事務之應用

工具。詳細可參照下述網站之介紹：https://commonpractice.com/。

4-1-1-3 PREPARE

　　由專門研究老年醫學、緩和醫療領域及 ACP 之美國加州大學舊金山分校 Rebecca Sudore 教授／醫師所創設，於 2013年正式上線，是介紹有關如何做成本身或他人之醫療照護決定、如何與醫師討論及填寫「事前指示」（AD）的一個線上影音學習工具。換言之，可說是一個如何在線上進行 ACP 規劃的工具。透過按部就班地（step-by-step）影像教學，引導使用者得在家藉由線上方式，做出醫療照護決定，可線上保存，也可列印成紙本保存。

　　透過 PREPARE 介紹影片之引導，使用者得輕鬆地而有步驟地自行思考本身或他人之醫療照護事項，或與家屬等共同討論下，做出相關決定及留下線上保存紀錄。而且方便得隨時修改調整決定的內容，以確保所記錄的決定，確實與本身之最新想法、意願一致。詳細可參照下述網站之介紹：https://prepareforyourcare.org/welcome。

4-1-1-4 Five Wishes

　　由擔任 Mother Teresa（德瑞莎修女）法律顧問（legal counsel）之 Jim Towey，受到 Mother Teresa 感召下，1996 年在美國佛羅里達州所創立之非營利組織 Aging with Dignity，經由美國律師協會（American Bar Association, ABA）、臨終照護專家的協助及 The Robert Wood Johnson Foundation 贊助，於 1998 年所開發推出有關「事前指示」之文件。Five

Wishes 已提供予超過 4 萬個組織及 3,000 萬以上的個人使用者。

　　Five Wishes 藉由提出包含是否選任醫療委任代理人、於臨終前想要接受或拒絕之醫療措施、於臨終前想要如何之舒適環境、於臨終前想要與人互動的情形及於臨終前想要所愛的人能夠理解的事情等 5 個意願（five wishes）問題，引導協助使用者思考、與家屬等討論及記錄自己的選擇、決定，並強調並非只是一個文件作業而已。Five Wishes 亦可說是一個如何進行 ACP 規劃的工具。詳細可參照下述網站之介紹：https://fivewishes.org。

4-1-1-5 MyDirectives

　　為線上數位 ACP 平台，且免費開放世界各國民眾均得上網直接填寫線上事前指示（universal advance digital directive, uADD），是由美國 ADVault, Inc. 所設計開發，標榜協助民眾得有自信地隨時隨地表達有關自己健康照護事項之想法。除線上版外，亦有手機版的 MyDirectives MOBILE 可為利用。

　　主要區分為選任醫療委任代理人、填寫有關健康照護事項之想法／意向等部分。依循線上填寫指引依序完成各項內容後，亦得連同其他已簽署完成之「事前指示」文件一併上傳而保存在雲端，且得隨時修改。MyDirectives 也是一個如何進行 ACP 規劃的工具。詳細可參照下述網站之介紹：https://mydirectives.com/。

4-1-1-6 The Conversation Project

　　為基於幫助每個人得以談論有關本身臨終照護想法及令此想法得以被理解及尊重為目標的一項公眾參與運動。鼓勵民

眾即時分享、溝通臨終時所想要及不想要的生活方式，且此分享、溝通應與我們所重視的人，在太遲以前，開始於餐桌而非在加護病房。The Conversation Project 提供免費的工具、指引及資源，協助大家與所重視的人開始討論彼此的想法。

The Conversation Project 分別提供如何開始討論之指引、如何選任及擔任醫療委任代理人之指引、如何與醫療團隊討論之指引、生命中對我而言是重要事項之手冊等資料，供使用者參考及使用。藉由 The Conversation Project 所提供的以上資料，使用者得以輕鬆而有序地進行 ACP 的規劃。詳細可參照下述網站之介紹：https://theconversationproject.org/。

4-1-1-7 My Speak Up Plan

由加拿大安寧緩和照護協會（Canadian Hospice Palliative Care Association, CHPCA）於 2008 年所發起、推動，結合各單位及專業團體，以提供方便利用及取得有關 ACP 相關資訊等之加拿大 ACP（The Advance Care Planning Canada）的其中一項計畫。提供 ACP 手冊（Advance Care Planning Workbook，可於線上直接填寫或列印出紙本填寫），引導使用者藉由思考（think）、學習（learn）、決定（decide）、表達（talk）、記錄（record）等步驟，完成自己的 ACP。雖然其係針對加拿大住民為對象而設計提供，但非加拿大住民仍得參考使用，作為規劃自己 ACP 的一個有用工具。詳細可參照下述網站之介紹：https://www.advancecareplanning.ca/my-plan/。

4-1-1-8 Advance Care Planning Australia Learning（ACPA）

ACPA 是由澳洲政府所資助，由 Austin Health 所執行的一個有關認識、學習及執行 ACP 的線上課程計畫。透過全國

性的合作方式，達成更高品質的 ACP。主要有 4 個影片套組，分別介紹什麼是 ACP、ACP 的討論對話、ACP 所涉醫療決定的法律程序及如何執行 ACP。另外，尚有關於如何選定醫療委任代理人、如何進行失智症患者之 ACP 等影片。ACPA 雖非如同 PREPARE 般，可直接於線上做成決定及保存。但藉由影片的介紹及學習，亦有助於使用者自行學習理解 ACP，更容易實際進行 ACP 之規劃。因此，ACPA 也可說是一個規劃執行 ACP 的有用工具。詳細可參照下述網站之介紹：https://learning.advancecareplanning.org.au。

4-1-1-9 Everplans

為一個線上工具，可引導、協助使用者整理、規劃及安全保存有關本人於日常生活面（如各種密碼、電話號碼等）、醫療面（如醫療保險、用藥情況、主治醫生、事前指示及醫療委任代理人等）、照護面（如有關照護之想法、照護保險等）、財務面（如銀行帳戶、信用卡、財務顧問、生命保險及退休金等）、法律面（如遺囑、顧問律師及代理人等），甚且身後事務處理面（如告別式、遺體處理及通知親友等）各面向之各項重要資訊（包含各種預為決定、事前指示內容）及文件。利用 Everplans 作為以上各項重要資訊及文件的重要線上檔案夾，於必要時（如因意外或疾病喪失意思能力，甚且死亡時），即得簡便及確實地分享予家屬等親近信賴的人士，並由家屬等得據而輕鬆及確實地進行所需處理的相關事項。因此，Everplans 可說是一個規劃執行 ACP + AFP 的有用工具。詳細可參照下述網站之介紹：https://www.everplans.com/。

4-1-1-10 もしバナゲーム（mosibana game）

　　日本 Institute of Advance Care Planning（iACP）所出版之もしバナゲーム，是一組以分組遊戲的方式，引導各使用者分享如面臨人生最終階段，有關接受醫療照護等事項想法之卡牌遊戲。もしバナゲーム一共有 36 張，主要針對在重症之際，認為必須好好表達的意願，而以卡牌方式呈現於遊戲中，引導使用者進行深入思考。例如「希望得到如何的照顧？」、「希望由誰陪伴在身邊？」、「對自己而言最重要的事情是什麼？」等問題。もしバナゲーム是前述美國 Go Wish 卡的日文版，也是比較偏向於進行規劃 ACP + 身後事務之應用工具，詳細可參照下述網站之介紹：https://www.i-acp.org/game.html。

4-1-1-11 ACP手冊／事前指示（書）

　　於日本係將 Advance Directive（AD）稱為「事前指示（書）」。而從中央衛生主管機關之厚勞省到各地方政府，甚且醫師公會、民間社團等，多有推出各式各樣版本及不同名稱的 ACP 手冊／「事前指示（書）」，於網路搜尋「事前指示書」用語，即可取得各種「事前指示（書）」格式以供參考。如以厚勞省委託神戶大學所製作之「これからの治療・ケアに関する話し合い—アドバンス・ケア・プランニング—」手冊為例，該手冊即區分 5 個步驟（想、信賴的人、問、談及分享），引導使用者思考，萬一生命所剩有限，什麼對自己而言是重要的、誰是可信賴而可交談的人、如何向醫師確認病情、如何與家屬等討論接受或拒絕各項醫療照護措施等，並予以記錄下來。詳細可參照下述網站所揭示之手冊內容：https://

square.umin.ac.jp/endoflife/shimin01/img//date/pdf/EOL_sh-imin_A4_text_0416.pdf。

4-1-1-12 エンディングノート（ending note）

　　可稱爲告別筆記，使用者可使用此筆記本，於臨終前寫下重要的事項、想法，留給摯愛的家屬等。重要的事項、想法，可包括自己的生命回顧、重要的回憶、想要傳達予家屬的事項、生前財務事項及健康照護事項的想法、喜好，甚且身後事務（如葬禮等）的表明。於網路搜尋「エンディングノート」或「ending note」用語，即可取得各式各樣、免費或收費的「エンディングノート」格式，以供參考及利用。「エンディングノート」雖有提及財務事務，但亦是比較偏向於進行規劃 ACP + 身後事務面之應用工具。例如網路上的一個免費「エンディングノート」版本，可參照下述網站取得及利用：https://www.enjoy-mylife.net/ending-note/endingnote_template。

4-1-2 國內的規劃工具

4-1-2-1 ATP套組

　　由社團法人台灣澄雲死生教育協會所推出的「ATP 套組」，是爲了協助使用者方便實施 ATP，儘早就各面向預爲規劃、準備，以實踐「知死有備、樂活善生」理念，所推出的一款含遊戲卡牌（澄雲 Q 卡）、筆記（澄雲 NOTE）及備忘錄（澄雲 MEMO）的組合。由於 ATP 強調具體的事前計畫之必要性、持續性及更新性，而藉由共遊澄雲 Q 卡，不僅實踐 ATP，且利用澄雲 NOTE 做成筆記，藉由澄雲 MEMO 完成此

一階段的最終紀錄，並透過日後持續反覆操作「ATP 套組」，以隨時更新意願。詳細可參照下述網站之介紹：https://www.twchengyun.org。

4-1-2-2 預立醫療自主計畫手冊

由財團法人中華民國（台灣）安寧照顧基金會所推出，著重在生命末期時，透過運用手冊，協助手冊使用者理解有哪些可能發生的狀況，以及能夠從醫療團隊得到何種協助，並基於上述理解，預為表達於該等情況下，所欲接受醫療項目之意願，是比較偏向於進行規劃 ACP + 身後事務之應用工具。「預立醫療自主計畫手冊」之內容可參照下述網址取得及利用：http://www.cott.org.tw/uploads/download/%E9%A0%90%E7%AB%8B%E9%86%AB%E7%99%82%E8%87%AA%E4%B8%BB%E8%A8%88%E7%95%AB%E6%89%8B%E5%86%8A_0709101719.pdf。

4-1-2-3 我的預立醫療決定心願探索手冊

台北市立聯合醫院所出版的「我的預立醫療決定心願探索手冊」，著重於 ACP 面向，是一本引導使用者如何簽署「預立醫療決定書」的手冊。手冊透過說明與引導式之提問，讓手冊的使用者思考一些人生價值與意義，以初步了解其在疾病當下的醫療照護想法與生命品質價值觀；另外，手冊中也簡易介紹「預立醫療決定書」的架構與內容，協助手冊使用者未來在進行預立醫療照護諮商前，可事先了解自我價值等，是比較偏向於進行規劃 ACP + 身後事務之應用工具。「我的預立醫療決定心願探索手冊」可參照下述網站取得及利用：

https://drive.google.com/file/d/17oPxlZf9Mfk-IpqC7oO3PR9l-HK2A0ai9/view。

4-1-2-4 預立醫療照護諮商手冊

由台北慈濟醫院預立醫療照護諮商小組所編製，主要介紹病主法中有關預立醫療照護諮商及預立醫療決定之相關規定、如何進行預立醫療照護諮商及簽署預立醫療決定之步驟、啓動預立醫療決定之條件、如何選定醫療委任代理人以及其他照護與善終選項之檢討塡寫等，是比較偏向於進行規劃 ACP + 身後事務之應用工具。

4-1-2-5 死亡咖啡館手冊及各式桌遊

台灣的「死亡咖啡館」活動，是由社團法人生死關懷教育推廣協會郭慧娟理事長於 2014 年，參考英國 Death Café 而推展，並藉由推出「告別通關」、「親情過五關」等各種桌遊方式，令使用者輕鬆地邊遊戲邊聊及生死議題。其所撰寫之「台灣死亡咖啡館—手冊版」，以實用性的調查表單以及面對生死議題的專業資訊，介紹死亡議題、臨終關懷、身後處理，甚至是寵物生死，引導使用者理解、面對及規劃此等議題。詳細可參照下述網站之介紹：https://zh-tw.facebook.com/funeralinformation.tw/。

4-2 醫療面的案例演習

案例 1

　　80 歲的曾爺爺過去 3 年記性變差，懷疑患有失智症。最近 1 年因末期腎病，安裝了永久導管，每週固定洗腎 3 次。上個月洗腎時，突然血壓下降，送到急診時已休克，量不到血壓。急救後恢復了生命徵狀轉入加護病房，經過詳細檢查，發現永久導管受細菌感染，導致敗血性休克。

　　經移除永久導管並給予抗生素治療後，生命徵象漸趨穩定。但休克併發了右側大腦中風，導致左半邊喪失病識感，雖然自己的左側手腳無法動彈，曾爺爺自己卻渾然不知。永久導管移除後，曾爺爺藉由大腿上的雙腔導管接受洗腎治療，治療過程相當順利，爺爺也似乎逐漸搞得清楚周圍的人和所在環境，但是有數次連接管線準備洗腎時，爺爺推開透析護士咆嘯著：「我不想洗腎了，就是因為要洗腎，你們把我綁在床上不准我行動」，並試圖強拆導管。

　　家人不清楚爺爺是不是真的不願意再洗腎，因為爺爺判斷能力可能已經有問題，且由於中風喪失了病識感；一旦不洗腎爺爺預期生命，可能只剩 2 到 3 週，繼續洗腎才能維持生命；但是，爺爺的行為舉止又一再顯示不希望繼續洗腎，是否不希望繼續洗腎，或許比較符合他的期望？

　　曾爺爺的家人非常煎熬，不知道怎麼決定才好？怎樣才能得知爺爺的真實想法呢？

說明 1

　　本案例事實可以得知趁自己意識清楚時，及早與家人進行 ATP 健康照護面之 ACP 的重要性，無論是基於病主法規定而進行之「預立醫療照護諮商」、或非基於病主法規定而進行之一般 ACP，將與家屬間持續反覆的對話過程留下紀錄（如書面、錄影、錄音等）。如係依據病主法進行之「預立醫療照護諮商」，則除將紀錄留下外，甚且簽署「預立醫療決定」[1]，都有助於曾爺爺的家屬，針對爺爺的健康照護事項，依循爺爺於此過程中所曾表達的價值觀、目標及喜好等，或是依據已經做成之預為意思決定，而得以明確並有方向性地選擇、決定符合爺爺價值觀、目標、喜好等，或者是已經做成預為意思決定之健康照護。

　　依據病主法所進行之「預立醫療照護諮商」係指病人與醫療服務提供者、親屬或其他相關人士所進行之溝通過程，商討當病人處於特定臨床條件、意識昏迷或無法清楚表達意願時，對病人應提供之適當照護方式以及病人得接受或拒絕之維持生命治療與人工營養及流體餵養（病主法第 3 條第 6 款）。「預立醫療照護諮商」的實質意義，就是希望透過諮商過程中的對話討論，一方面讓本人對自己的價值觀、目標及喜好等，以及有關健康照護事項的想法、意願，更容易形成及愈加具體，同時也讓家人得以藉由此過程，知悉並進而得以尊重本人的意願及決定，而當萬一本人陷入意識昏迷或無法清楚表達意願，且必須由家屬進行代替決定時，即較可期待家屬得做成符合本人

---

[1]　病主法之預立醫療決定書格式及內容，可參https://mohw.gov.tw/cp-16-44221-1.html（最後瀏覽日：2021年12月6日）。

價值觀、目標、喜好等之醫療照護決定，如此也可以有效降低家屬代替本人決定生死的決策壓力；另一方面，經過此對話討論及溝通而互相了解的過程，也可以避免家屬間、或家屬與醫療團隊間因看法、意見不一致，而發生爭議造成嚴重對立的情形。甚且，本人如有依病主法規定簽署「預立醫療決定」，即可進一步發生病主法上的效力，於符合病主法第 14 條第 1 項所規定之「特定臨床條件」（本案例爺爺應已符合「末期病人」）時，由醫療服務提供者應依循病主法的規定，根據本人的「預立醫療決定」執行接受或拒絕維持生命治療、人工營養或流體餵養之決定。

再者，進行「預立醫療照護諮商」後，除得進而簽署「預立醫療決定」外，其實更重要的是，透過「預立醫療照護諮商」之進行，讓本人與家屬間，藉由這個對話討論過程，針對本人健康照護事項之價值觀及想法、意願等，能夠相互理解外，甚且亦能進而調整、強化及修復彼此之關係；從而，縱使依循病主法規定，進行「預立醫療照護諮商」後，卻未進而簽署「預立醫療決定」，亦不妨礙爺爺與家屬間，就有關爺爺將來健康照護事項，基於本人之價值觀、目標及喜好等，而隨時進行本人的意思整理、意思表達，甚且反覆持續地對話溝通、做成意思決定。

是就本件來說，如爺爺先前曾與家屬就有關是否繼續洗腎等醫療選項，進行對話討論，甚且留下紀錄的話，當有助於得基此對話討論及紀錄，而做出合於爺爺想法、意願之決定。而縱使先前未為如此做法，則於爺爺目前既然仍具一定之意思能力情形下，建議家屬仍應於尋求醫療團隊協助下，就有關是否繼續洗腎等醫療選項，把握機會多方嘗試、努力與爺爺討論對

話及溝通，理解爺爺的眞正想法、意願，進而尊重及實現爺爺的想法、意願。且即使在此討論對話及溝通的過程中，爺爺的想法有所反覆而不一致，而爺爺已處於欠缺意思能力下，亦得參照爺爺以往曾經表達的想法、意願，進而做出最符合爺爺之最佳利益的代替決定。

BOX 4-1　病主法之預立醫療決定 vs. 一般 ACP 之預為決定

	病主法之預立醫療決定	一般ACP之預為決定
主體	本人	本人
時機	「預立醫療照護諮商」後	ACP之多次討論、溝通前後
內容	同意或拒絕維持生命治療 / 人工營養 / 流體餵養 + 選任醫療委任代理人	所有與醫療、健康照護相關的事項，包括醫療委任代理人的選任
方式	「預立醫療決定書」之書面	書面、錄影、錄音皆可
程序	• 須經「預立醫療照護諮商」 • 須經公證或見證 • 須經醫療機構核章證明 • 須經醫療機構上傳衛福部 + 健保卡註記	• ACP之前後皆可 • 無須經公證或見證 • 無須經醫療機構核章證明 • 無須經醫療機構上傳衛福部 + 健保卡註記
保存	除自行保存外，應由醫療機構上傳衛福部 + 健保卡註記	自行或交信任第三人保管，亦得請主治醫師添附於本人之病歷
變更	於有意思能力時，得隨時依病主法規定變更	於有意思能力時，得隨時變更
效力	具病主法效力	無病主法明文效力；但具本人意思決定效力

BOX 4-2　**持續對話討論及溝通的重要性與必要性**

　　無論依據病主法規定進行「預立醫療照護諮商」並甚而簽署「預立醫療決定」，又或者是非基於病主法規定，而進行之一般ACP，到本人實際上發生病主法5種臨床條件，或者需要家屬代為決定健康照護事項之時點，可能都有些時間上的差距。此時，隨著人生環境的變數（如兒女成家立業、孫子女的誕生等）、醫學治療技術的突破（如器官衰竭可以移植人工器官等），本人和家屬的想法或許已經改變，所以將對話討論及溝通，當成僅是一次性做法（one-time event）的處理，是絕對不夠的。持續對話討論及溝通，甚且將結果、過程予以留下紀錄，將有助於自己針對健康照護事項的意思、想法，在家屬的充分理解及支持下，而更易獲得實現。

案例 2

　　45歲陳先生是家中么兒，上有3個哥哥，父母親最近都因癌症離世。陳先生與同樣抱著不婚主義的女友吳小姐交往20幾年，生活上非常依賴彼此也互相照顧。陳先生想到父母親在生命階段末期屢次進出急診，兄弟間就是否要採取積極醫療手段，發生過無數次的衝突，嚴重到互相不講話，直到父母親離世後才修復感情。

　　陳先生沒有結婚，也沒有小孩，知道哥哥們從小就很關心自己，但由父母親屢次進出急診的經驗，了解哥哥們未必會尊重自己的想法，而自己最信賴且最了解自己價值觀的人，則是

交往多年的女友吳小姐。

　　陳先生要怎麼確保自己就健康照護事項的想法，甚且是所做成的意思決定，會被尊重而能落實執行呢？

説明 2

　　陳先生可以簽署醫療代理人委任書，指定女友吳小姐擔任自己的醫療委任代理人，醫療委任代理人委任書範例可以參考附錄一。

　　吳小姐依據委任書所授權內容，於陳先生無法表達意願時，可以依緩和條例第 5 條等規定代為簽署意願書及撤回意願書；於陳先生意識昏迷或無法清楚表達意願時，可以依病主法第 10 條第 3 項等規定代理陳先生表達醫療意願，並行使以下之權限：(1) 聽取病主法第 5 條之告知；(2) 簽具病主法第 6 條之同意書；(3) 依陳先生所預立醫療決定內容，代理陳先生表達醫療意願。最後，於陳先生無法表達意願時，基於陳先生之最佳利益，代替表達其他有關陳先生之任何醫療意願。吳小姐作為陳先生的醫療委任代理人，可以獨立行使上述權限，不受陳先生哥哥們的意思干擾，確保可得落實符合陳先生的價值觀、目標、喜好等，或者是已經做成預為意思決定之健康照護。

　　不過，如同前述，「預立醫療照護諮商」亦是一個得讓本人與家屬間，就本人之健康照護事項及有關之價值觀、想法、意願等，進行對話討論及溝通的過程，是建議於醫療委任代理人之選任過程，亦得儘可能地邀集家屬參與，除得期待藉此降低家人與醫療委任代理人之意見衝突外，更可期待家屬得支持醫療委任代理人之代替決定。

4

BOX 4-3　**病主法規定醫療委任代理人之資格**

　　病主法對醫療委任代理人之資格，規定如下：

- 積極資格：必須是20歲以上具完全行為能力人。（病主法第10條第1項）
- 消極資格：除意願人之繼承人外，不得為如下之一：
  ➣意願人之受遺贈人。
  ➣意願人遺體或器官指定之受贈人。
  ➣其他因意願人死亡而獲得利益之人。（病主法第10條第2項）

BOX 4-4　**我的醫療委任代理人選定評量表**

姓名（A）：	姓名（B）：	姓名（C）：	選定評量項目
■是否符合法定資格（如符合評量項目，請打勾）			
			1.年滿20歲
			2.具意思能力
			3.不是我的受遺贈人
			4.不是我的遺體或器官指定之受贈人
			5.不是因我的往生，而獲得利益之人（但我的繼承人，不受此限制）
■選定評分			
			6.我所信任的程度？（請給予1～10分的評分）

			7.得與我溝通的程度？（請給予1～10分的評分）
			8.可維護我的想法、意願程度？（請給予1～10分的評分）
			9.擔任意願的程度？（請給予1～10分的評分）
			6～9項之總分
			10.評量其他考量因素（基於前述6～9項總分之評量外，請檢討是否有其他考量因素，而得加減上述總分10分）後之加減總分
			11.最終選定順位（即基於上述6～10項的加減總分評分，最終選定擔任醫療委任代理人之優先順位排序1～3）

◎請填入A、B、C三人姓名。

◎請就6～9每一項問題，於A、B、C姓名下相應欄位，予以評分，給予1～10分的分數。

◎評分後，合計A、B、C之6～9項總分，並參考A、B、C之總分，加上「10.其他考量因素」後，再加減總分10分後，得出加減總分。

◎基於加減總分，決定我的醫療委任代理人優先順位排序1～3後，請填寫「醫療委任代理人委任書」，記入排序1～3位之醫療委任代理人。

◎建議邀集優先順位排序1～3之醫療委任代理人、家屬及摯友等，說明此醫療委任代理人之選任事宜。

◎建議定期邀集優先順位排序1～3之醫療委任代理人、家屬及摯友等，碰面聚會，利用ATP利用工具交流、聊天。

◎擬進行「預立醫療照護諮商」時，建議邀請優先順位排序1～3之醫療委任代理人、家屬及摯友等一起參加。

4-3 照護面的案例演習

案例 3

　　花媽今年 65 歲，丈夫花爸早年因工作意外辭世，花媽便獨自扶養長女花梅子 40 歲，現任職中小企業主管職，年收入約 200 萬元、次女花桃子 28 歲，前陣子因逢新冠肺炎（CO-VID-19）疫情爆發，而遭公司裁員，現著手經營網路直播平台，收入不穩定。二人各自忙於事業，均無暇照顧年邁且患有慢性疾病、行動緩慢，領有殘障手冊的花媽，因此打算將花媽安排至長照機構，以養晚年。

　　請幫花媽、花梅子及花桃子一家人想想，選擇長照機構有什麼地方需要留意與考量的呢？

說明 3

　　首先，關於長照機構的選擇，如 Chapter 3-2 的說明，可知長照機構分有機構住宿式、居家式、社區式，由於花梅子與花桃子，各自忙於事業，無暇抽空照顧花媽，因此建議花梅子與花桃子可以先經與花媽溝通，在花媽理解及同意後，將花媽安排至機構住宿式長照機構，以便花媽在該機構能接受照護員的照料及與其他高齡者保有社交活動。

　　再來，關於長照機構收費標準，長照法第 35 條明定：「中央主管機關應輔導地方主管機關參考地區所得、物價指數、服務品質等，提供長照機構收費參考資訊。長照機構之收費項目及其金額，應報提供服務所在地之主管機關核定；變更時亦同。」因此，（非住宿式）長照機構之收費項目及其金額，可以參考衛生福利部公告之標準（https://1966.gov.tw/LTC/cp-4212-44992-201.html）。

　　由於花媽已滿年 65 歲並為身心障礙者，且打算選擇機構住宿式長照機構，則依照《身心障礙福利機構辦理身心障礙者日間照顧及住宿式照顧收費原則》第 3 條規定：「機構收取領有身心障礙手冊者之住宿式照顧費，以每人每月新臺幣二萬一千元為基準」，所以花梅子與花桃子在為花媽選擇住宿式長照機構，可以參考以上的收費基準，加以評估長照機構的收費是否合理。

　　最重要的是，選擇長照機構時，務必要向業者事先索取契約書，建議參考行政院消費者保護會公告「養護（長期照護）定型化契約範本」（https://www.ey.gov.tw/Page/AABD2F12D8A6D561/49d093a6-0a47-4a47-9cb4-9480fa66aaaa），以及「養護（長期照護）定型化契約應記載及不得記載事項」（下稱「長期照護應記載不得記載事項」），逐一檢視契約中有無不合理的約款，如契約條款中，有意思不明確或不懂的地方，也建議諮詢律師等法律專業人士，取得相關專業意見及進一步檢討衡量利弊得失後，再做決定，以確保權益。

BOX 4-5　**選擇長照機構的三步曲**

- 先了解長照機構分有機構住宿式、居家式、社區式之不同，並確認接受長照服務者的需求。
- 再了解機構之收費標準及金額，可藉由衛生福利部網站公告之資訊，予以比較。
- 最重要的是，務必要向長照機構業者事先索取契約書，並建議參考行政院消費者保護會公告「養護（長期照護）定型化契約範本」，比較契約書所列條款是否合理，如對契約條款有任何疑問，建議應諮詢法律專業人士，以確保權益。

案例 4

　　常爺爺今年 80 歲，被診斷有輕度失智症症狀，可正常經口進食、如廁，但時有紛亂躁動的行為，常爺爺的家人在幾經考量下，將常爺爺安排至 A 住宿式的長照機構（下稱「A 機構」），以便得到更完善的照顧。然而在入住時，A 機構提供的「入住契約書」卻載有：「照護機構得經評估有約束之必要後，對被照護者使用約束物品約束其行為。」等文字，並要求常爺爺的家人簽署「約束同意書」，且簽署日期處應留為空白後，才同意為常爺爺辦理入住。

　　請幫常爺爺的家人想想，A 機構提供的「入住契約書」上，所載有關於對被照護者身體約束的契約約定，以及「約束同意書」的簽署，是否符合現行法律規定呢？

說明 4

　　依長照法第 44 條規定：「長照機構及其人員應對長照服務使用者予以適當之照顧與保護，不得有遺棄、身心虐待、歧視、傷害、違法限制其人身自由或其他侵害其權益之情事。」同法第 56 條並規定：「長照人員有下列情事之一者，處新臺幣六千元以上三萬元以下罰鍰，得併處一個月以上一年以下停業處分；情節重大者，並得廢止其證明：……三、違反第四十四條規定。」另依長期照護應記載不得記載事項中應記載事項第 12 條亦明定：「十二、約束要件　受照顧者有下列行為之一，機構經勸阻、疏導無法制止，且無其他替代照顧措施者，機構徵得受照顧者或其委託者同意，並經醫師診斷或有臨床護理工作三年以上護理人員參據醫師既往診斷紀錄，經評估有約束之必要後，應依約束準則及同意書（如後附件），得使用適當約束物品：(一) 受照顧者有傷害自己或他人之行為。(二) 受照顧者常有跌倒情事，而有安全顧慮之虞。」其後所附的約束準則，更是清楚揭示適當的約束期間及約束輔具的種類等。

　　詳言之，依現行長期照護應記載不得記載事項中應記載事項第 12 條之規定，必須因為被照顧者的行為確實有危險或造成危險，無其他替代措施，才能評估約束。至於評估約束之程序及要件必須符合：(1) 醫師診斷或臨床工作 3 年的護理師同意，根據醫囑判斷認為適合實施短暫性的約束；(2) 家屬簽署「約束同意書」同意進行約束。更重要的是，家屬簽署之「約束同意書」僅於 3 個月內有效，於 3 個月後，被照顧者是否仍然有約束之必要，即應須再重新經過前述評估程序，始可為之。

　　只不過，目前約束被照顧者在台灣似仍是普遍的照顧模式，多數的長照機構並未審慎地先執行醫囑判斷之程序，而僅要求照顧者的家屬，於入院時即須簽署「約束同意書」始可入住，且未於有效期限 3 個月屆至後，重新檢討約束之必要性，導致約束的使用似過於氾濫，致使被約束狀態成為被照顧者的日常生活寫照。反面言之，如果有約束之必要，而家屬拒絕簽署「約束同意書」的情形，倘被照顧者因此無法控制其行為而致受傷、死亡者，家屬可能即無法就此主張長照機構未盡照顧義務。

　　回到本案的討論，A 機構提供的「入住契約書」上，所載有關於對被照護者身體約束的契約約定，未依長期照護應記載不得記載事項中應記載事項第 12 條規定，詳細載明約束條件及約束準則等，已與現行規定牴觸。牴觸之效果，依《消費者保護法》第 17 條第 5 項規定：「中央主管機關公告應記載之事項，雖未記載於定型化契約，仍構成契約之內容。」則未來倘發生關於 A 機構約束行為不當之爭議，常爺爺的家人應可主張長照機構應記載不得記載事項中，應記載事項第 12 條，應成為「入住契約書」內容之一部，A 機構倘未依上開規定，即對常爺爺為身體約束，除構成契約責任的違反，更可能有其他相關民事、刑事及行政責任。

　　此外，常爺爺雖然患有輕度失智症症狀，雖有紛亂躁動的行為，但其尚能正常經口進食、如廁，而無需使用人工營養及流體餵養設備，則其於入住當下的狀況，是否有必要簽署「約束同意書」，不無考量的餘地。建議常爺爺的家人可以尋求專業醫護人員之判斷及評估後，再考量簽署的必要性為宜，俾能權衡常爺爺的意願與其人身安全性。然如未簽訂此「約束同

意書」，而致常爺爺無法入住時，或需再尋找其他合適的長照機構。

BOX 4-6　約束準則

　　依衛生福利部公告之「養護（長期照護）定型化契約範本」之附件二，就養護（長期照顧）機構於照顧（護）上之約束，訂有「約束準則與同意書」（就約束準則部分引用如下），更進一步細緻化長期照護應記載不得記載事項中應記載事項第12條，關於約束被照顧者之準則，如對於被照顧者於長照機構中的受約束之情形有所擔心，於選擇上或可優先考量採行前揭範本內容作為長照契約之長照機構。

約束準則與同意書

　　養護（長期照護）機構之照顧（護）應以無約束或最少約束為原則，依養護（長期照護）定型化契約第十二條規定若確有約束之必要，必須向受照顧者或其委託者說明，應事先取得受照顧者或其委託者同意，並簽訂約束同意書，且應留意下列各項準則：

一、約束的使用是為了防範受照顧者自傷或傷人，不可以作為懲罰、替代照顧受照顧者或方便員工而使用。

二、不可使用上鎖的約束物品，並應留意約束物品使用方式、種類、約束部位，以避免受照顧者意外受傷。

三、使用約束物品的時間應儘量減少，且尺碼必須合適，並儘量減低對該受照顧者可能造成的不適。

四、必要時檢討是否有需要繼續使用約束。

五、為該受照顧者約束應妥當穿戴及扣好約束物品，以確保其安全及舒適，並須定時變換姿勢。

六、使用約束期間，至少每隔兩小時予以解開約束，使其舒緩，防止約束物品因移位而致該受照顧者的血液循環及呼吸受阻等情事，並檢查受照顧者受制於約束物品的情況，並加以記錄。

七、使用約束的方法，在火警及其他緊急情況下須可需迅速解除約束物品。

八、必須保存約束的使用紀錄，以作為日後的參考與檢討。

4-4 財務面的案例演習

4-4-1 儲蓄

案例 5

　　黃媽媽投資股市有所小成，陸陸續續獲利 500 萬元，雖然最近股市相當熱絡，黃媽媽還是希望能夠將以較低風險的方式處理部分收益。因此想要將一部分的獲利，以銀行保管的方式處理，應留意什麼事項？

說明 5

　　根據黃媽媽的需求，於決定儲蓄的金額時，可以注意以下幾點：

(1) 依據個人金錢使用習慣，存放不同類型之存款

　　由於每個人的金錢使用習慣不同，為避免當有緊急大額用錢需求時，卻無錢可用之窘境，且考量銀行會依據不同的存款類型，而給予不同的利息的情形。因此，建議黃媽媽或可將預計儲蓄的金額，分別以定期儲蓄存款或是活期儲蓄存款的方式儲蓄較佳。

(2) 注意所得稅及二代健保扣繳金額

　　依據 Chapter 3-3-1 之說明，每戶（包含納稅義務人、配偶及申報受扶養親屬）儲蓄投資特別扣除額為新台幣 27 萬元，未超過新台幣 27 萬元部分為免稅。因此，如黃媽媽及家屬有多筆活存、定存的情形，則可考慮將不同筆多年期定存之領息時間錯開，而個別適用各個年度的 27 萬元扣除額度，以減輕稅賦負擔。另外，由於自 2021 年 1 月 1 日起，如果單次利息所得達 20,001 元，須自利息所得總額中，預先扣除 2.11% 作為二代健保之補充保費，因此黃媽媽亦可考慮將總金額依據個人需求分為多筆小額存款方式處理。惟相關扣除額規定可能受社會經濟情勢影響而於個別年度有所調整，建議黃媽媽於規劃前應先確認最新規定為宜。

(3) 注意存款保險賠付之上限

　　由於存款保險對於被保險人在每一金融機構之存款賠付上限為 300 萬元。因此若黃媽媽預計將 500 萬元。全部以儲蓄方式理財時，或可存於 2 間以上的銀行，使單一銀行之存款金額，不超過新台幣 300 萬元，較可受到存款保險賠付之保障。

4-4-2 生前贈與

案例 6

　　李先生與李太太經商有成，擁有不少積蓄。兩人育有一子一女，目前皆尚在求學中，因自己年歲漸長，故從今年開始著手規劃財產的傳承計畫。為避免百年之後，子女需繳納過多的遺產稅而造成負擔，經兩人討論，決定先就李先生的 400 萬元活期儲蓄存款，分別贈與子女兩人各 200 萬元，並作為未來留學基金之用，應留意什麼事項？

說明 6

　　依據先前的說明，贈與稅免稅額每年 244 萬元的規定，是指一個人每年的總贈與額度，在 244 萬元的範圍內，可以免稅，而不是指每一位受贈與者均可在受贈金額 244 萬元的範圍內，可以免稅。亦即，244 萬元的免稅範圍，是從贈與人之贈與總金額來計算，而不是從各別受贈人之各自受贈金額來認定。因此，如果李先生在今年度分別匯給自己的子女各 200 萬元的話，等於 1 年內李先生的贈與總額為 400 萬元，就已超過贈與免稅額的範圍，即需要繳納贈與稅。

　　是以，為了達成節稅的效果，李先生可考慮分成兩年匯款，也就是今年先贈與子女兩人各 122 萬元，明年度再各贈與122 萬元。另外，由於配偶相互贈與的財產不計入贈與總額，若李先生想要在 1 年之內將 400 萬元活期儲蓄存款全部贈與給子女，或許也可以妥善運用夫妻兩人的贈與免稅額，先將 400萬元活期儲蓄存款的其中 200 萬元贈與給李太太後，再由李太

太轉贈給子女，也就是透過夫妻二人各自都擁有每年 244 萬元的免稅額度，迅速達成原先所預想之 1 年內 400 萬元財產傳承的目的。

雖然生前贈與可以享有免稅額規定，帶來節稅的效果，若子女有創業或購屋的規劃，也可以讓子女提早達成目標。但如同我們開頭所述，若贈與給子女後，子女是否會因恣意揮霍錢財等因素，而快速逸失高額款項，都是必須要事前先考慮設想的風險。是以，如何搭配附負擔贈與或另進行信託安排，可綜合考量具體情況，以進行更全面的整體規劃。

4-4-3 保險

案例 7

55 歲的老王與老伴牽手 20 年，兩人育有一子一女，女兒遠嫁國外，兒子雖住在老家附近，但其婚後因買房而背負高額房貸，媳婦懷孕後在家帶小孩，經濟狀況並不能說是寬裕，房貸、育兒費用等扣一扣，幾乎是月光族，不僅無力提供孝親費，也無法時常回家探望或照顧父母親。前不久，老伴因中風而臥床數月，都是老王請假在家細心照顧，好不容易病情才有所起色。

經過此事，老王開始有以下擔心：

(1) 將來退休後收入勢必減少，如果自己或老伴又因病痛而需要治療、住院或長期照護，相關費用應如何支應？

(2) 越往高齡邁進花費越大，活得愈久是否反而讓自己生活更加困頓？

(3) 百年後不僅不想拖累孩子，還想留下點什麼？

(4) 如果自己比老伴早一步先走，那誰來照顧老伴？

老王想一想，有沒有什麼保險工具可以解決上述問題？

説明 7

根據老王的需求，或許可以考慮以下保險工具：

將來退休後收入勢必減少，如果自己或老伴又因病痛而需要治療、住院或長期照護，相關費用可由「醫療保險」及「長期照護保險」等保險工具協助支應。另外，越往高齡邁進，生活花費越大，活得愈久是否反而讓自己生活更加困頓之風險，也可考慮是否藉由「年金保險」以因應解決。

至於，爲百年後不僅不會拖累遺族的財務狀況，甚且尚可留下一筆錢給遺族時，可考慮透過「人壽保險」來達到照顧遺族的目的。再者，爲了避免自己比遺族早一步先走，而無法照顧遺族的風險，亦可透過「人壽保險＋保險金信託」之方式，達到以「特定方式」照顧遺族的目的。

透過保險的規劃安排，可以利用一定金額之保險費支出，而於保險事故發生時，取得遠高於所支出保險費之保險給付，或因應因保險事故發生，所可能帶來之不論是自己本身或家人之財務經濟支出的負擔，或是爲想要照顧之他人（如家人等），準備一份未來生活等所需的經濟來源，皆是一個值得重視的 ATP 工具。尤其能在年紀尚輕時，身體健康無重大疾病下，儘早即爲保險規劃及安排，不僅支出之保費不至巨額，且分散因保險事故發生所致風險的效益，當爲更高。

4-4-4 意定監護

　　老王育有一子一女，平常與女兒同住，由女兒照顧其生活所需，並保管老王的重要證件與文書；兒子則居住於外地，僅於年節回家團聚。前陣子開始，老王突然出現忘東忘西的情況，甚至發生與朋友約好去爬山，過了集合時間後，朋友打手機來才想起的情形。經由女兒陪同去看醫生，經診斷為已有初期失智症的症狀。而老王名下財產大致如下：

　　(1) 房屋 2 幢，1 幢自住，1 幢出租。

　　(2) 10 家上市公司股票各 2 至 10 張不等。

　　(3) 1 至 3 年期國內外基金共 3 檔。

　　(4) 銀行存款 2,500 萬元。

　　常持「樂活善生、超前部署」想法的老王，為避免隨著年齡增長而失智症狀愈來愈嚴重，導致無法處理自己財務的情況，遂考慮是否訂立意定監護契約，預先選定意定監護人，老王該怎麼進行比較好呢？

　　意定監護人的職權，大部分與法定監護人是相同的，主要都是在法定的注意義務下，代受監護人為意思表示或受意思表示。但依據《民法》第 1113 條準用第 1101 條第 2 項及第 3 項規定（見 BOX 4-7），法定監護人在不動產的處分上，須先報請法院許可，才能進行；至於財產投資行為，原則上禁止進行。而意定監護契約，若有明文規定，則意定監護人即得不用

報請法院許可，得逕行不動產處分及投資行為。這樣的約定，不僅可以避免監護人因須向法院提出聲請許可之程序，而錯失處分不動產或風險性資產的時機，更賦予當事人在喪失意思能力前，即得預就其財產在本身受監護宣告後之處分，予以進行規劃，甚至亦得考慮就此等不動產、風險性資產之管理，另行預為選任專業之律師、會計師等加以協助。

　　因此，老王在與專業律師及會計師討論後，決定用以下原則委託律師訂定意定監護契約：

(1) 就其名下房屋、股票、基金之管理及處分，選任會計師 A 擔任意定監護人；就現金存款、生活及護養療治部分則選任女兒擔任意定監護人。

(2) 就會計師 A 行使前一項內容之職權部分，約定不受《民法》第 1113 條準用第 1101 條第 2 項及第 3 項限制，但處分該等資產所得之金額，應交予女兒保管，若需利用該等處分所得之金額進行再投資，需得女兒書面同意。

(3) 女兒就銀行存款中 600 萬元之部分，得自由使用於老王之生活及護養療治相關之用途。就剩餘之 1,900 萬元部分，須逐年分別移轉 110 萬元予兒子及女兒，以符合贈與免稅額，直至存款餘額不足為止；另需於每年 1 月 1 日，各給付 10 萬元予女兒及會計師 A，作為二人之意定監護人報酬。因老王終生勤勉不喜奢華，故就老王生活所需、護養療治藥物、設施之選擇，授權女兒得在品質差異不大之選擇中，選擇較低價之品項。

　　在上述意定監護契約條款皆徵得女兒及會計師 A 之同意後，老王與女兒及會計師 A 一同至民間公證人處，簽署了意

定監護契約並辦理公證，並由公證人將意定監護契約通知老王住所地之法院（見 BOX 4-8）。

BOX 4-7　監護人處分財產限制

- 《民法》第1113條準用第1101條第2項規定：「監護人為下列行為，非經法院許可，不生效力：一、代理受監護人購置或處分不動產。二、代理受監護人，就供其居住之建築物或其基地出租、供他人使用或終止租賃。」
- 《民法》第1113條準用第1101條第3項規定：「監護人不得以受監護人之財產為投資。但購買公債、國庫券、中央銀行儲蓄券、金融債券、可轉讓定期存單、金融機構承兌匯票或保證商業本票，不在此限。」

BOX 4-8　意定監護契約訂定與生效之法定流程

- 首先，當事人本人需要與其所選定的意定監護人共同討論，擬定意定監護契約之條款，並就該等條款之內容達成合意。
- 由公證人就意定監護契約之簽署及成立做成公證書，並在做成公證書之7日內，將該意定監護契約內容通知當事人本所住所地之法院。
- 於當事人本人喪失意思能力，並依法得對其為監護宣告時，受指定之意定監護人，即得向法院聲請對當事人本人為監護宣告，意定監護契約並在法院正式對當事人本人為監護宣告時，正式發生效力。

4-4-5 信託

　　高齡 70 多歲的老王有 2 個兒子，大兒子不幸在數年前因病過世，遺留下一個剛滿 5 歲的兒子小小王與老王相依為命；老王的小兒子小王，則長期不務正業，一直伸手向老王要錢。

　　由於年歲漸高，老王計畫從明年開始，轉入安養機構居住，並將小小王託給其他親戚照顧，再由自己的存款，每月支付安養機構費用及小小王的生活費、學費等；如果自己過世及小小王年滿 30 歲後，存款仍有剩餘，就全部留給小小王。

　　老王應該怎麼做，才可達成以上的目的（按月支付自己入住安養機構的費用及小小王的生活費、學費等，並將剩餘款項均留給小小王），且避免他的小兒子前來爭產？

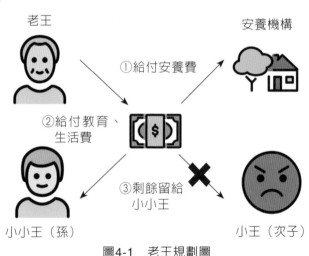

圖4-1　老王規劃圖

　　老王得以自己為「委託人」，將自己的存款交付信託，並以自己及小小王均為「受益人」（自益及他益混合信託），而約定受託人應：(1) 按月給付安養費予安養機構，至自己過世為止；(2) 按月給付小小王生活費及學費等，給照顧小小王的親戚，至小小王 30 歲為止；(3) 至小小王滿 30 歲時，如果存款仍有剩餘，即全部歸小小王。

　　如此一來，即便老王喪失意思能力（如重度失智）或過世，受託人仍會依照信託本旨，繼續給付老王的安養費或小小王的生活費、學費等，仍然可以達到老王的目的；而且，因為財產交付信託後，就不再是老王的自有財產，小王也較難再來爭產或主張繼承。

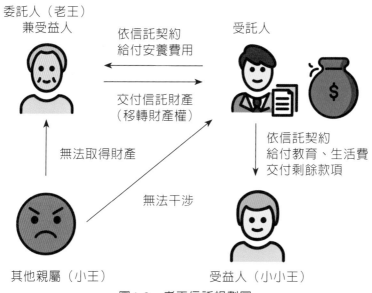

圖4-2　老王信託規劃圖

BOX 4-9　**其他規劃方法可能產生的風險**

- 贈與
  如老王將存款先行全部贈與小小王，雖然較可避免小王來爭產的問題，但也可能發生，小小王一下就把財產揮霍殆盡，或小小王拿到財產後即反悔不願意照顧老王的風險。
- 借名登記、委任
  如果老王將存款暫時借放在親友名下，並委任親友付款，雖可暫時避免小王前來爭產的問題，但也可能發生親友將款項據為己有，或財產遭親友的債權人強制執行的風險；且因老王過世時，借名登記或委任契約原則上即終止，小王仍有來爭產的可能。

案例 10

　　年近八旬的老吳，計畫贈與 500 萬元給愛孫小小吳，作為將來小小吳長大後，出國深造的獎助學金。因擔心小小吳現在就拿到 500 萬元後，可能受不了誘惑而提前揮霍殆盡，故計畫設立信託，由小小吳的叔叔擔任受託人代為把關。

　　不過，老吳研究了《信託法》之後，發現一旦自己過世後，身為受益人的小小吳就有可能提前終止信託契約，並要求 500 萬元應該全部歸屬自己，如此一來，信託的目的就難以達成；且老吳也擔心，擔任受託人的小小吳的叔叔，是否真的會忠實依照信託本旨執行職務？

　　老吳應該怎麼做，才可以在自己過世之後，仍然有辦法繼續監督受託人，促使受託人忠實執行職務，且避免小小吳受親

戚或壞朋友影響，任意提前終止信託契約一次取走 500 萬元，
而使設立信託的目的無法達成？

說明 10

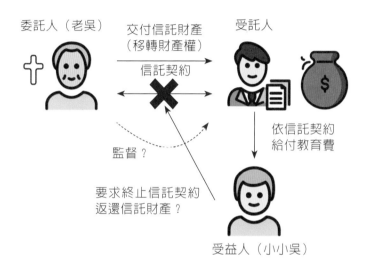

圖4-3　老吳信託規劃圖（無信託監察人）

　　老吳可在設立信託時，一併委由足以信任且具有相關專業
的人士（如律師）擔任「信託監察人」，以監督小小吳的叔叔
有無任意動用信託財產，並於發現異狀時，透過訴訟途徑以為
救濟（聲請撤銷不當處分行為，或聲請解任受託人等）。

　　並在信託契約內特別約定，小小吳如果主張提前終止信託
契約時，必須要經過「信託監察人」的同意，以避免小小吳任
意終止信託契約，而使信託目的無法達成。

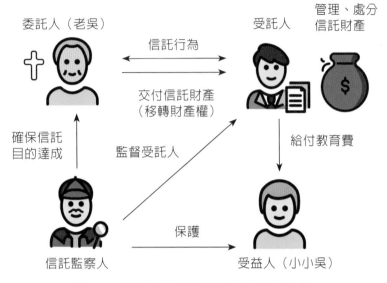

圖4-4　老吳信託規劃圖（有信託監察人）

4-4-6 遺囑

案例 11

　　郭先生與郭太太育有一子一女，但長子因與父親不和，離家出走後，便音訊全無。數年後，郭先生年事已高，中風臥病在床，均由安養中心照顧。爾後，輾轉得知長子的聯絡方式，數次致電要求返家見上一面卻不被理睬，甚至被反嗆「糟老頭別煩我，是急著我幫你送終嗎？」

　　郭先生大爲震怒，希望在自己離世後，將 200 萬元存款給安養中心作爲答謝，其餘財產全數留給郭太太及長女。郭先生應該怎麼做，才能達到他的目的呢？

說明 11

　　郭先生身故時，如配偶跟兩名子女均在世，則法定繼承人即共有 3 位，每人的「應繼分」爲 1/3。如果郭先生希望將存款遺贈予安養中心，或希望調整各個繼承人的分配比例（指定應繼分），則可依照法定方式預立遺囑，指定遺贈並分配遺產。以郭先生中風臥病在床而言，建議可採公證遺囑或代筆遺囑之方式較佳，並應留意見證人不得由郭太太及長女擔任，避免遺囑因見證人不適格而無效。另因郭先生年事已高，爲避免遺囑將來遭繼承人，以失智或其他理由，而爭執其效力，建議做成遺囑之過程應全程錄音、錄影，以明確彰顯遺囑，確係郭先生出於自由意思下所做成。

　　遺囑的內容，在明確記載遺贈標的（200 萬元）及對象（安養中心）後，可記載「扣除遺贈之其餘財產，由郭太太及長女各自繼承 1/2」，或者可依其意願，將特定財產逐項分配給郭太太及長女。

　　如前所述，因長子身爲法定繼承人，可主張對遺產有 1/6（1/3×1/2）之「特留分」。如以前述遺囑內容，遺產並未分配給長子，故長子可能會向安養中心、郭太太及長女主張其「特留分」受到侵害，而要求至少繼承 1/6 遺產（即行使所謂「扣減權」）。然而，郭先生如此分配遺產，並不會因此使遺囑無效。換言之，若長子在父親過世後，浪子回頭並尊重父親的決定而不主張「扣減」，則其餘繼承人及受遺贈人，仍可依

照遺囑所定內容，繼承遺產及取得遺贈。

　　只是，法律規定在某些特殊的情況下，繼承人會「喪失繼承權」。例如：當繼承人對於被繼承人有「重大之虐待或侮辱情事」，並「經被繼承人表示其不得繼承」時，該繼承人將喪失繼承遺產的權利。以郭先生為例，在長子對其辱罵、詛咒，或在他長期臥病在床，長子雖無不能探視之正當理由，卻至郭先生死亡為止，始終不予探視的情況下，郭先生如在遺囑或是其他書面中，明確記載「長子對本人有重大侮辱之情事，辱罵詛咒之內容身邊親友均確知，爰以此書表示其不得繼承本人之遺產。」等旨，則長子將依此喪失繼承權，自不得再向其他繼承人等主張「扣減」。如此一來，郭先生將可確保受遺贈人及其餘繼承人能依其心願，完成財產的分配。

　　最後提醒，為了避免將來長子不能接受郭先生的分配，而拒絕會同辦理不動產登記，建議郭先生可於遺囑，指定由郭太太及長女分別擔任第一順位及第二順位之遺囑執行人。將來遺囑執行人便能單獨執行遺囑，辦理遺囑執行人登記（於遺產中有不動產情形下）、繼承登記及交付遺贈，而無須其餘繼承人之同意。

BOX 4-10　指定遺囑執行人的小撇步

- 遺囑執行人為遺產稅之納稅義務人，應事前與欲指定之對象溝通並取得其同意。
- 可指定複數遺囑執行人並設定就職順位，如先順位的拒絕就職或已離世，則由次順位的就職。
- 可於遺囑內指定遺囑執行人之報酬（包括計算方式、金

額及優先以何遺產給付等）。

• 建議可將遺囑執行人之聯絡方式記載於遺囑中。

BOX 4-11 **降低或避免遺囑真正性、有效性的爭執**

• 實務上，基於不想令繼承人太早知道遺囑內容等特定考量，立書人常常不僅未邀集繼承人參與書立遺囑之過程，甚且已完成書立遺囑及已存在遺囑之事實，立書人亦未主動通知繼承人。如此情形往往造成立書人辭世後才發現遺囑之存在，而繼承人間亦就此遺囑之真正性、有效性，常產生嚴重之爭執，甚至訴諸訴訟尋求解決。

• 因此，為降低或避免繼承人間就遺囑之真正性、有效性產生爭執。邀集繼承人參與書立遺囑過程，或是將書立遺囑之過程，予以錄音、錄影，甚或至少在已完成書立遺囑下，並進而向全體繼承人表示已書立遺囑及由誰（如律師）保管遺囑，將於辭世後，由保管人宣布遺囑內容等情事，其實是值得考量的做法。

4-4-7 生活事務

案例 12

　　甲公司董事長老王，高齡 80 餘歲，原本即因膝蓋不好而行動不便，現又經醫師診斷罹患初期的失智症，有可能在接下來的幾年惡化至無法自理生活之程度。為及早規劃生活事務的分

配，同時也讓自己可以專心休養，老王盤點自己身邊適合委以重任之人選——老王的兒子小李、老王的配偶阿陳。

　　小李從小接受接班人的栽培、出國深造，目前已回國進入甲公司歷練許久，對於公司及相關財產管理非常有一套看法，已可獨當一面；阿陳則是在與老王結婚後，就全權負責老王生活起居的打理，非常了解老王的生活習性與健康狀況。

　　有鑑於此，老王希望將生活事務上涉及事業與財產管理等事項，像是董事長的公文批閱、公司大小事項的處理，均授權指定由兒子小李處理；至於老王其他生活上之事務，則強烈希望由配偶阿陳處理，像是代為至醫院門診領藥、代為採買各種必需品等。

　　針對上開需求，建議應該如何予以規劃？須留意什麼樣的問題？

說明 12

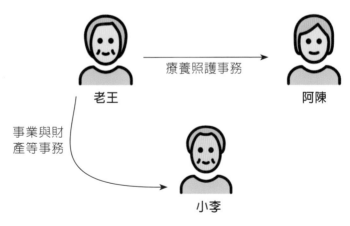

圖4-5　老王家庭關係圖

(1) 如何因應生活事務？

　　談到高齡者的生活事務規劃，通常會聯想到意定監護契約制度。該制度是在本人已陷入意思能力不健全的狀態，且法院為監護宣告時，並進而選定意定監護契約所約定之意定監護人擔任本人之監護人。除此之外，還有 Chapter 3-3-7 所介紹的「生活事務處理契約」。兩者的目的，可謂均包括協助本人日常生活事務之處理。其間差異在於，意定監護契約，須經公證、本人已陷入意思能力不健全之狀態、並經法院監護宣告後，始有其發揮效力之餘地；生活事務處理契約，則無此限制，可在本人仍具意思能力之情況下，立即委由他人協助處理生活事務。

　　現實上，高齡者伴隨著年齡的增加、體力的衰退、及行動可能不便等狀況（尤其在 COVID-19 這種大規模疫情之下，高齡者因免疫系統或不敷因應病毒，故不便出門在外處理各種生活事務），以至於他們不足以妥適因應各項生活事務之處理，此際，即有必要與可信賴之第三人訂定所謂生活事務處理契約，委託第三人處理自己的生活事務（所謂可信賴之第三人，並不排除家屬，不過於目前社會常情下，與自己的家屬多不至於會簽訂書面契約），而不論該高齡者是否已陷於或即將面臨意思能力不健全之狀態。由此可見，生活事務處理契約有其獨立存在的必要性。

　　不過，於此同時須注意的是，高齡者陷入意思能力不健全之狀態，往往是一個漸進式的過程，體力衰退與行動不便等狀況，將造成高齡者大幅減少與外界互動的機會，某程度可能加劇上開漸進過程之發生；另一方面，生活事務處理契約本質上是一種委任契約，依照《民法》第 550 條規定：「委任關係，

因當事人一方死亡、破產或喪失行為能力而消滅。但契約另有
訂定，或因委任事務之性質不能消滅者，不在此限。」通常會
在本人／委任人如經法院監護宣告後（亦即喪失行為能力）即
消滅。因此，在本人仍具意思能力之情況，訂定生活事務處理
契約時，有必要前瞻地考量萬一某天本人意思能力陷入不健全
之狀態，所擬定之生活事務處理契約中之規劃，是否要繼續延
續至受監護宣告以後？如是，就必須在草擬生活事務處理契約
時，一併納入考量。

(2) 如何針對上開案例進行生活事務之因應？

　　有鑑於上開案例老王的需求是：阿陳協助處理療養照護事
務、小李負責事業與財產管理事務，且目前老王尚未陷於意思
能力不健全之狀態，故老王為慎重起見，可與阿陳及小李分別
簽訂生活事務處理契約書，以明確劃定各自受任處理生活事務
之範圍。

　　於此同時須注意的是，因老王已被醫師診斷出有初期失智
症之狀況，或許可以預見老王在將來有可能惡化至無法自理生
活之程度，為避免到時候不及規劃，有必要在訂定安排生活事
務委任時，亦一併納入考量。

　　具體來說，陷於意思能力不健全之狀態而受監護宣告後，
監護人即在監護權限範圍內，擔任本人之法定代理人，基本上
不太需要同時並存基於生活事務處理契約之受任人。因此，生
活事務處理契約在面對將來本人可能陷於意思能力不健全之狀
態，而受監護宣告之狀況，不一定需要特別約定該生活事務處
理契約（即《民法》第 550 條但書規定）不因本人喪失行為能
力而消滅，反而需思考的問題是：如何將生活事務處理契約無

縫接軌至監護制度？

　　或許可以參考日本實務上所運用之「生活事務委任與意定監護之混合契約」（日本法制上稱此爲移行型之意定監護契約）[2]。亦即，生活事務處理契約之受任人，負有義務在本人陷於意思能力欠缺之狀況時，向法院聲請監護宣告，並同時依該混合契約意旨，繼續擔任本人之監護人。而上開案例中，由於老王的事務處理分成財產部分與照護部分，且分別由小李、阿陳處理之。因此，在預先規劃意定監護時，如欲繼續分別由小李、阿陳處理，即須依《民法》第 1113-2 條第 2 項後段規定：「其爲數人者，除約定爲分別執行職務外，應共同執行職務」，以便法院屆時宣告選定阿陳、小李均爲老王的監護人。

4-4-8 身後事務

案例 13

　　小陳前陣子參加了伯父的喪禮，目睹了堂哥們爲了喪葬事務、遺物整理等事項，時有爭執。小陳心想：如果我在自己還在世的時候，就能安排好這些身後事務，是否就可以不要麻煩到親友？尤其是當自己先於父母親離世時，更是希望可以減少他們的負擔。

---

[2]　有論者指出，移行型意定監護契約，在日本實務運作上，有出現即便委任人之判斷能力，已有逐漸減弱之趨勢，然受任人爲規避監督，故意不向法院聲請監護宣告之現象。不過在我國法下，《民法》第14條第1項仍有其他聲請權人，上開弊端非無解決之道。參閱洪鏡，「論我國成年監護制度——以意定監護制度爲中心」，東吳大學法學院法律學系碩士論文，2021年，第103-104頁。

　　藉由這個契機，小陳依自己的生活現狀，列出了以下事項：

(1) 現在未婚，以後不確認是否結婚生子，有一隻活潑好動的柴柴。

(2) 目前工作穩定，有保險、定期儲蓄、投資（均選擇低風險標的），經濟狀況安定。

(3) 不想被房貸束縛，想維持租屋生活，把錢存下來，當作以後入住安養中心的資金。

(4) 喜歡收集各式模型，常與一群同好交換收集心得，偶爾會在各社群平台發表收藏內容及心得等。

　　為了達到這些目的，小陳可以怎麼做呢？

說明 13

　　小陳希望能事先安排好自己身後事務，而列出了目前的生活現狀，其實已經進行了身後事務管理的第一步。小陳可以再進一步，安排下列事項，來完備身後事務的管理。

(1) 撰寫屬於自己的 ending note（告別筆記）

　　列出離世後可能需要處裡的事務，及希望的處理方式，例如：

事務	處理方式
聯絡人	• 總聯絡人及其聯絡方式 • 個別事項聯絡人及其聯絡方式（如喪葬、寵物收容等）
喪葬	依挑選的生前契約商品處理

事務		處理方式
政府機關相關行政手續[3]	死亡登記	請總聯絡人聯繫或代理辦理
	遺產稅申報	
	勞保死亡給付等	
私人間契約關係	房屋租賃契約	請總聯絡人聯繫或代理辦理
	手機等電信契約	
	保險	
遺物整理	柴柴的去處	由高中死黨小林接手照顧，請總聯絡人通知小林
	模型收藏處理	由同好小張統籌處理（自行留存或發送其他同好），請總聯絡人通知小張
其他	社群平台帳戶刪除等	提供帳號與密碼予總聯絡人，請其發送離世訊息後，刪除以往發文及帳戶

(2) 選購生前契約商品

　　市面上可選擇之生前契約商品眾多，由內政部殯葬資訊入口網[4]可查詢合格之生前契約業者。所以，小陳可循此瀏覽合格生前契約業者官方網頁，選擇適合自己之生前契約商品。而與生前契約業者簽約時，記得生前殯葬服務契約自攜回後有至

---

[3]　參考資料：https://www.gov.tw/News_Content.aspx?n=26&s=402190（最後瀏覽日：2021年10月10日）。

[4]　內政部殯葬資訊入口網—生前契約業者查詢：https://mort.moi.gov.tw/frontsite/search/companyPublishAction.do?method=viewCompanyList&isPublish=true&siteId=MTAx&subMenuId=403（最後瀏覽日：2021年10月10日）。

少5日之審閱期間[5]，並可參考內政部公告之生前殯葬服務定型化契約範本，及生前殯葬服務定型化契約（自用型）應記載及不得記載事項，確認生前契約業者所提供之生前殯葬服務契約是否符合法令。

(3) 訂定「身後事務處理契約」

　　看來身後事務的處理，比想像中還要麻煩跟複雜呢！如何讓委託事項明確，以及如協助辦理身後事務的人並不是繼承人時，如何讓身後事務可以順利進行？此際，小陳可考慮委請可信賴的人士協助辦理身後事務，而與該可信賴人士（即受託人）訂定「身後事務處理契約」，明定委託事項及其相關細節，並提供相對應之委託授權書，以利受託人處理相關事務。

BOX 4-12　遺物處理與遺產繼承之衝突

　　遺物亦屬被繼承人遺產的一部分，當遺物為價值不斐的收藏品時，遺物處理可能影響遺產分配，甚至是涉及是否需繳納遺產稅的問題。因此，在考慮遺物處理方式時，應特別予以留意。

BOX 4-13　身後事務處理契約合法嗎？

　　《民法》第550條規定：「委任關係，因當事人一方死亡、破產或喪失行為能力而消滅。但契約另有訂定，

---

[5]　生前殯葬服務定型化契約範本（民國103年6月12日台內民字第1031764081號公告修正）參照。

或因委任事務之性質不能消滅者，不在此限。」就法條文義解釋，當事人間就身後事務處理，訂定委任契約，並無不可，且其委任關係，不因委託方死亡而消滅。

惟法院實務上，是否承認身後事務處理契約，尚無定論（肯定見解：臺灣臺中地方法院93年度訴字第1585號民事判決、臺灣板橋地方法院100年度家訴字第10號民事判決；否定見解：臺灣新北地方法院108年度訴字第417號民事判決）。學者認為，為避免與遺囑發生牴觸，原則上僅限於「遺囑以外之事務」得為死後委任。（黃詩淳，「死後事務委任契約之效力？—— 板橋地院100家訴10判決」，台灣法學雜誌第254期，2014年8月，第207-209頁）

4-5 善生面的案例演習

4

案例 14

阿國現年 50 歲，平常覺得身體還算健康，很少感冒。在電子公司擔任工程師，年薪超過百萬。不過，常常必須加班，有時甚至回家後，還要在家工作，三餐也多是簡單解決，幾乎沒時間從事運動。與妻子阿嬌結婚快 20 年，育有一子 10 歲的乖乖，是唐氏症寶寶。

最近，阿國的大學好友阿民突經確診肺腺癌末期，醫師並表示所剩餘日不多，因妻子意外早逝，阿民整天擔心年僅 15 歲的一對雙胞胎子女將來該怎麼辦……

　　阿國同情阿民的狀況之餘，也開始擔心如果自己像阿民那樣的話，該怎麼辦？阿國曾跟阿嬌談到這個問題，阿嬌只表示不要想太多，少加班，多花點時間陪乖乖比較實際。但阿國仍困擾著……

　　阿國該怎麼辦？

說明 14

　　阿國可先由自己的身健康照顧做起。先儘量調整自己的工作方式，留意飲食，並且開始培養運動習慣，提升自己的健康識能，做好健康管理，邀同阿嬌進行 ACP，強化自己的「健康力」。同時，考量乖乖未來的生活、照顧需求，除了幫乖乖購買保險（如醫療保險、傷害保險等）外，也可考慮以乖乖為受益人而設定信託，確保乖乖未來生活的經濟來源。甚至，可幫乖乖選定生活事務或身後事務之受任人。亦即，增加自己財務識能，做好財務管理，邀同阿嬌進行 AFP，提升自己的「財務力」，除為乖乖安排好合適的財務規劃外，同時也宜為自己及阿嬌一併規劃。

　　為了完善以上的健康管理、財務規劃，阿國當然必須提升自己的生死識能，做好人生管理。並邀請阿嬌一起共學健康管理、財務規劃及提升生死識能，增強「學習力」。而在此增強「健康力」、「財務力」及「學習力」之過程中，更應同時強化自身的「服務力」。例如帶著乖乖參加唐氏症寶寶團體的活動，參與服務其他唐氏症寶寶及其家庭，推動立法或結合社會力，建構一個對唐氏症寶寶及其家庭更加友善、更加支持之共生環境。

　　期待在阿國提升本身之「健康力」、「財務力」、「學習力」及「服務力」之過程中，逐漸厚實及擴展自己的「善生力」，在盡力預爲準備後，而能有安心安定（peace of mind）的力量，面對自己的擔心，接受演變的結果，而享受愉快的生活，完善自己的人生。

4

Memo

Chapter 5

ATP規劃執行＋律師角色

　　於 Chapter 2-5 已提及在進行「預立樂活善生計畫」（ATP）時，不論是健康照護面之「預立照護計畫」（ACP）及財務面之「預立財務計畫」（AFP）之「規劃面」、「過程面」、「結果面」與「實現面」，律師基於法律專業性，當可扮演重要的角色。於 Chapter 5 將進而就 ATP 中，所涉及之醫療委任代理人（HCA）、意定監護人、信託監察人、遺囑執行人、生活事務受任人及身後事務受任人等職務角色，比較說明如由律師擔任與非由律師擔任之差異，明確律師於 ATP 規劃執行之重要角色。

5-1 醫療委任代理人vs.律師

醫療委任代理人在充分了解意願人（本人）每個階段的價值觀、目標、喜好，以及意願人的身體狀況、生活環境變化、當時醫療水準所可提供之治療方法及手段後，於意願人喪失意思能力時，即可依照意願人的情況以及當時的醫療科技水準，做出最有可能符合意願人當下價值觀、目標、喜好的醫療照護決定，同時也可以減輕、避免家屬因代替意願人做成決定，所產生的決策壓力與意見不同的紛爭，這是醫療委任代理人所扮演的重要角色及所期待的選任效用。

BOX 5-1　**選任醫療委任代理人之效用**

• 對意願人（本人）而言，於喪失意思能力狀況下
➢確保：自己想要之醫療照護，與實際所受到之醫療照護
　　　　一致。
➢因應：基於未來醫療科技、身體情況或環境等變化，得
　　　　予適切因應。
• 對家屬而言
➢避免：承受代替決定（SDM）的負擔、壓力。
➢降低：家屬間意見衝突的爭執、糾紛。

了解醫療委任代理人上述重要角色及所期待的選任效用後，我們可以知道在選任醫療委任代理人時，有以下重點必須考慮：(1) 受任人必須是意願人可以信任的對象（信任）；(2) 受任人能持續地和意願人進行溝通互動（溝通）；(3) 受任人

願意尊重並有能力維護意願人的想法、意願（維護）；(4) 受任人有意願擔任意願人的醫療委任代理人（意願）。

　　一般而言，大家心中可能立即浮現的人選，會是與自己最親近的家屬；然而，反覆思考後，實際上無論因為家屬間，對於死生話題的忌諱、親情上的羈絆、或者來自其他家屬親友間的壓力、或者面對例如財產分配面上等現實因素的考量時，最親近的家屬恐怕未必是擔任醫療委任代理人之最合適人選，而家屬縱使擔任醫療委任代理人，亦不一定可達到上述對於醫療委任代理人所期待的選任效用。

　　相對於此，基於養成教育與執業訓練過程所培養、鍛鍊而成的專業性、獨立性、主張性及協調性等特質，使律師非常適合擔任醫療委任代理人的職務。首先，當事人在委任律師前，對於律師的背景、專業領域、風評等，原則上會做一定程度的調查，而律師同樣地對於受託事項之事實背景、當事人的需求等，也會做好應有的了解與掌握，是雙方初步接觸時，如果無法建立彼此的信任感，即不一定會正式締結委任關係；此外，於雙方如正式締結委任關係以及於委任關係持續當中，律師也應以認真之工作態度、積極溝通、定時報告進度、展現專業能力等各種方式，維持及提升與當事人間的信任關係。否則一旦信任關係有些微破損，除恐將導致委任事務的辦理窒礙難行外，嚴重者甚且可能遭當事人終止委任關係。我們常常說判斷一個律師的好壞考量之一，就取決於該律師能否和當事人間，建立良好的信任關係。從而，當事人所委任的律師原則上一定是他可以信任的對象。

　　再者，律師因為執業訓練的關係，基本上當為非常好的溝通互動者。律師的日常工作，既是受當事人委任處理事務，

而要扮演好這個角色，即必須充分了解當事人的疑慮與需求，透過當事人的陳述與律師的進一步詢問，在這個持續反覆進行的溝通過程中，釐清與充分掌握當事人的想法與需求，以及掌握當事人在各個階段不同的想法及偏好。另外，律師的例常工作包括代理法院訴訟、代理當事人向行政機關陳情，以及在眾多當事人間，於沒有辦法達成一致共識時，也經常扮演排解紛爭、居間協調的角色。所以，在這些折衝過程中，可期待律師藉由良好的溝通能力，能持續地和當事人進行適切的溝通互動。

關於維護意願人的想法、意願部分，律師的養成教育就是培養具客觀理性及獨立性的專業能力，比較不會受情感、非專業因素的影響，在適法及符合當事人最佳利益的前提下，以貫徹落實當事人的想法、意願。縱使家屬間意見分歧，律師也可以透過良好的溝通能力，盡一切努力讓家屬明白意願人的決定；又縱使家屬沒有辦法全數贊同，也能夠因應來自家屬的壓力，勇於貫徹意願人的想法，這也是律師高抗壓性的展現。律師的工作態樣常常會面對、處理各式糾紛，受到來自各方面的壓力，從而為了貫徹意願人的預立醫療決定，律師也較不會擔憂捲入訴訟等紛爭的風險，當是以貫徹維護當事人的想法、意願為職志。

醫療委任代理人是在充分理解意願人對於生命及醫療照護事項的價值觀、目標與喜好後，在意願人無法表達自己意願時，代替意願人做成醫療決定，貫徹意願人意願。基於律師的養成教育與執業訓練過程，律師可以是擔任醫療委任代理人的最佳人選之一。

律師具備醫療委任代理人的應有特質

- 良好信任關係。
- 可以持續溝通。
  - ➤傾聽、了解意願人想法、需求。
  - ➤反覆持續進行。
- 勇於維護當事人想法、意願。
  - ➤協調、化解歧見的能力。
  - ➤面對紛爭、衝突的高抗壓性。
  - ➤貫徹執行的能力。

5-2 意定監護人vs.律師

　　意定監護人，是指成年人在具有意思能力情形下，就未來萬一喪失意思能力後之生活相關事項，基於《民法》規定，預先選定得為自己進行代替決定之人。依《民法》第 1112 條規定，意定監護人的職權得包含為受監護人進行 (1) 財產管理；(2) 護養療治事項決定；(3) 一般生活事項決定。由於意定監護人在行使職權時，都要遵照意定監護契約所定意旨，故透過意定監護契約的內容，可以確保受監護人即使已經喪失意思能力，仍能以自己喜歡的方式處理事務，也能確保財產不被詐騙集團染指。此外，由於監護人是可以在權限範圍內，處理受監護人財產事務的，所以在過去沒有意定監護人制度的情況下，常常出現高齡失智症患者的監護人選定程序，成為家族爭產前哨戰的情形。藉由意定監護制度，配合妥善的遺囑及信託安

排，才能真正實現當事人在世、臨終，以至於離世後的財產自主意思決定。

BOX 5-3 **意定監護人功能**

- 對受監護人本身而言
  ➢確保：預先決定財產管理、護養療治及一般生活需求。
  ➢避免：財產或權益因意思能力喪失而受損。
- 對親屬而言
  ➢避免：親屬間爭產之風險。

　　另依《民法》第 1096 條規定，原則上只要是完全行爲能力人，即得擔任意定監護人。過往我們想到監護人，往往都會想到父母、兄弟姊妹這類比較親近的家屬，或是密友，畢竟監護人是必須代替被監護人決定各種法律上意思表示內容的人，會想到親近的家屬和朋友，也不無道理。不過事實上，親近的家屬或朋友，卻未必是最適合擔任意定監護人之人。

　　首先，從意定監護人選任到生效的程序來看，大致要經過以下法律程序：

(1) 本人及意定監護人必須簽署一個意定監護契約。這樣的文件性質上是一個法律文件，必須要有一個具備法律專業的人，來幫本人擬定內容，進而簽署，同時還要和受監護的本人詳細討論所需訂定、必須特別交代的事項，以及要選何人作爲監護人的利弊得失等。

(2) 意定監護契約依法須經公證，必須在公證人面前，簽署意定監護契約並做成公證書，再由公證人向法院陳

報後，始能成立。

(3) 在本人喪失意思能力，並經法院爲監護宣告，且選定意定監護人確爲監護人之後，意定監護契約才會生效；另意定監護人得向法院主張應選定自己擔任監護人。

由以上內容可知，意定監護人的選任到生效程序，是涉及許多法律事務，此對一般不諳法律的人而言，可能會有一些負擔，甚至還要額外聘請律師辦理。如果是這樣，是不是不如一開始就選定信任的律師擔任意定監護人？

再者，意定監護人的職權當中，與法定監護人最大的不同，就在於如意定監護契約另有明載約定，則意定監護人不需要經過法院許可，就可以進行不動產的處分及投資行爲。而由於不動產的交易及部分的投資行爲其實也涉及《民法》、證券法規等專業事項，律師本具備專業的知識跟資源外，得再藉與會計師或其他專業人士之合作，而提供更全面周全的協助。所以將此部分財產處理事務，委任律師辦理，或較比一般家屬更合適。就算是針對最私人的家族財產分配事務，律師也因爲對本人的遺產沒有利害關係，不致成爲家族爭產糾紛的當事者之一；而在提供法律諮詢及服務的過程中，更能夠依據法律規定，爲選任人做出合法的決定與建議。簡言之，在所有人的利益都平等地受法律保障的情形下，最懂法律的人，才是最能夠確保利益的人。在這個前提下，律師在和當事人溝通時，不是單純問他說：「您想要什麼？」，而是基於法律規定，向當事人說明「可以要什麼」，這和一般人能夠做到的程度，有著非常大的差距，尤其是在意定監護契約此等涉及財產或個人利益的情況下，更是如此。

最後，很多人認爲律師作爲一個外部的專業者，可能很

難成為受監護人最信任、最親近的人。但是，意定監護人最重要的特質，其實在於能夠尊重受監護人之意思，並考量其身心狀態與生活狀況，進而代替被監護人，決定各種法律上意思表示內容。不諱言地說，最親近的人可能是家屬、朋友，但是最了解一個人需要的人，卻未必是家屬、朋友，甚至，更因為家屬是最親近的人，所以除了有信任之外，他也很可能會有親情的壓力存在。例如：媽媽雖然說選便宜的藥就好，但我實際這樣選，會不會讓她覺得我不孝？我幫她做了決定之後，外人、其他親戚怎麼想？種種這樣的問題，都說明家人間，雖然有特殊的羈絆存在，也必然有親情壓力，再加上如果有爭產問題的話，就會變成一個很難解的問題。

　　總體而言，無論從選任程序、職權及獨立性而言，律師確實非常適合擔任意定監護人的角色。

BOX 5-4　律師具備意定監護人的特質

- 具法律知識，可協助辦理意定監護之法定流程。
- 具專業度，可勝任處理財產處分事務。
- 具獨立性，不會成為家族的爭產糾紛之當事者，能依據法律提供處理建議。
- 不受親情壓力束縛。

5-3 信託監察人vs.律師

　　如 Chapter 3-3-5 的介紹，透過「信託」的設立，委託人（高齡者）得以長期、有彈性地規劃財產運用，以達安養長照、照顧子女及財產傳承等多元目的。然而，為了避免委託人因過世或喪失意思能力後，無人繼續監督受託人，或受益人逕行變更、終止信託契約，導致信託目的無法達成的狀況發生，即得考量搭配「信託監察人」的設置，使「信託監察人」得代為把關，以監督受託人、行使契約變更或特別給付的同意權，及代受益人為其他訴訟上、訴訟外必要的行為等，而確保信託契約的履行。由此可見，「信託監察人」在「信託」架構中，對信託目的最終是否可達成而言，扮演至關重要的角色。

　　雖然依《信託法》的規定，只要年滿 20 歲的成年人（自 2023 年開始改為 18 歲），且未受監護宣告、輔助宣告或破產者，原則上即可擔任信託監察人；然而，如果由設立「信託監察人」所希望達成的目的（監督受託人、代受益人為訴訟上或訴訟外行為、行使必要的同意權等）著眼，則「信託監察人」的人選，以具備以下要件為宜：

(1) 具備法律專業

　　以確保信託監察人有足夠能力監督受託人，並在必要的時候為受益人進行訴訟上或訴訟外行為。

(2) 不具利害關係

　　以確保信託監察人可公正客觀執行任務，貫徹委託人的意志，不會輕易受人情壓力、利益等影響。

(3) 長期持續配合

以確保信託監察人可配合信託契約的契約存續期間（可能長達數 10 年），持續擔任信託監察人職務。

(4) 符合個案需求

以確保信託監察人可專案式執行職務（非兼職），且可視個案情況不同，配合調整職務內容。

考量以上擔任「信託監察人」所宜具備的條件，則具有法律專業背景，且負責為當事人之利益，而忠實執行職務之職責的「律師」，實合適擔任信託監察人。蓋：

(1) 律師具備法律專業

可隨時依其專業為必要之監督，及自行代受益人行使訴訟上及訴訟外行為。

(2) 律師不具利害關係

律師與信託契約受託人、受益人較無特別利害關係，可期待公正執行職務及不受其他壓力影響。

(3) 律師得長期持續配合

律師可配合持續執行職務；如有必要時，更可安排同事務所的不同律師擔任先後順位信託監察人，以配合較長期信託契約的執行。

(4) 律師符合個案需求

律師針對個案專職擔任信託監察人（如同於訴訟中擔任訴訟代理人及辯護人），且可針對委託人需求，提供客製化服務（如要求受託人定期出具報告，或訪視受益人等）。

BOX 5-5　**比較由「親友」擔任信託監察人？**

委託人基於費用、信任關係等考量，常常委任自己的「親友」擔任信託監察人，但「親友」是否真的是「適合」的信託監察人？

- 具備法律專業
  親友通常不具法律專業；雖可另委任律師為訴訟上行為，但可能已錯失先機。
- 不具利害關係
  親友通常為委託人或受益人的親友，較有可能因利害關係或親屬、長輩給予的壓力，而影響執行職務的公正性。
- 長期持續配合
  親友通常可能與委託人（高齡者）年齡相近，較難持續擔任信託監察人職務。
- 符合個案需求
  親友通常為兼職，較難專心於執行信託監察人的任務。

是以，為了確保信託目的的達成，於設立信託時，得考量一併指定信託監察人，且為使信託監察人可本於專業、不受利害關係或壓力影響，而徹底發揮其功能，更應尋找「適合」的人選，以擔任信託監察人，避免費心規劃信託後，卻因欠缺信託監察人之協助，致信託目的之達成受到影響，著實可惜！

5

BOX 5-6 **律師具備信託監察人的特質**

- 具備法律專業，可隨時依專業進行監督，並得為訴訟上及訴訟外行為。
- 不具利害關係，可不受利害關係或壓力影響，公正執行職務。
- 可依照信託契約期間，持續且長期配合。
- 可配合個案需求，提供專案、客製化服務。

5-4 遺囑執行人vs.律師

　　遺囑執行人，是能代替被繼承人忠實且公正地實現遺囑內容的人。如遺囑有指定遺囑執行人，一般而言，遺囑人可提前向遺囑執行人說明分配財產之真意，將來透過遺囑執行人協助，以降低親屬間之摩擦。也可由遺囑執行人代辦繼承登記等程序，節省繼承人時間並保障其權益。最重要的是，若有部分繼承人對於遺產分配不服，而不願意會同辦理不動產繼承登記時，遺囑執行人得依遺囑內容實施遺產分割，並代理繼承人申辦分別共有之遺囑繼承登記及遺贈登記，無須徵得全體繼承人的同意。為了確保登記程序順利進行，遺囑當中，建議宜指定遺囑執行人。

BOX 5-7　遺囑執行人效用

- 對遺囑人本身而言
  - ➢確保：依照分配財產之真意執行。
  - ➢降低：繼承人間之摩擦。
- 對繼承人而言
  - ➢節省：繼承人時間並保障其權益。
  - ➢避免：部分繼承人不服遺產分配而不願會同登記之風險。

　　依《民法》第1210條規定，未成年人、受監護宣告之人、受輔助宣告之人以外之人，均得擔任遺囑執行人。換言之，也能指定繼承人之一擔任遺囑執行人。實務上，多指定與自己親近、或能夠主持家庭狀況的親人或朋友擔任遺囑執行人。但基於以下理由，推薦得由律師擔任遺囑執行人。

(1) 指定律師擔任遺囑執行人，相較於指定繼承人更為中立，對於遺產不存在利害衝突，因此由律師擔任遺囑執行人，能降低繼承人之疑慮，減少繼承人間的摩擦。

(2) 依照財產種類不同，遺產分配將涉及分割、處分、交付等，需依法踐行不同登記程序，適合由專業性高的律師協助辦理。

(3) 就遺囑執行如產生爭議（例如：遺產遭第三人占有等），律師得以遺囑執行人名義，為繼承人提起訴訟。

(4) 律師如同時參與預立遺囑的過程，能減少遺囑產生爭議之風險，更能理解被繼承人之真意。

　　而考量自遺囑人預立遺囑後，至繼承事實發生之間存在很多變數。例如：指定擔任遺囑執行人之人選，可能也因生病、死亡或職涯規劃等，未必能於將來肩負此一要務。所以《民

法》是設計，在遺囑人過世後，遺囑執行人能視當時之情形選擇是否「就職」。考量此不確定因素，在以遺囑指定遺囑執行人時，建議可考慮指定複數人選，並安排順位，當第一順位人選無法「就職」時，可由第二順位人選擔任遺囑執行人（以下類推）。例如：指定同一法律事務所之複數律師，依順位擔任遺囑執行人，便可避免因個別律師離職等理由，導致將來遺囑陷入無遺囑執行人就職之風險。

此外，指定遺囑執行人時，亦應留意「報酬」之約定。實務上認為，遺囑執行人與遺囑人間之關係，屬於以遺囑人死亡為始期之委任契約。依《民法》第 1211-1 條規定，遺囑執行人得請求之「報酬」，原則上先依遺囑之指定；遺囑未指定時，則由繼承人與遺囑執行人協議報酬之數額；不能協議時，則由法院酌定。實務上不乏遺囑未指定報酬，導致遺囑執行人與繼承人間，為了報酬數額對簿公堂之案例。因此，委託律師擔任遺囑執行人時，建議應將報酬之數額、以及優先以何種遺產清償等，明訂於遺囑中，避免將來產生爭議。

此外，建議除遺囑外，可與擬擔任遺囑執行人之人選，另外簽署「委任書」，以使遺囑人與遺囑執行人之委任關係更為明確。而報酬如何設定，將涉及遺囑執行人所付出之勞力、管理事務之繁簡、被繼承人之遺產狀況等情節而有所不同，建議可向律師說明遺產概況及分配計畫後，與律師協議如何設定報酬。

BOX 5-8　**律師具備遺囑執行人的特質**

- 中立性。
- 具備專業背景。
- 能以自己名義替繼承人提起訴訟。
- 擅長處理紛爭，能以避免紛爭的角度，提供預立遺囑之建議，降低遺囑產生爭議之風險。

5-5 生活事務之受任人vs.律師

　　生活事務之處理，包括高齡者於日常生活中，所需面臨眾多必須即時處理之健康照護及財務事項（例如，至醫院或診所看病、在家之日常起居照顧、至銀行辦理存款取款等），甚至從事一些並非健康照護及財務之其他事項（例如出外拜訪友人、參加社交活動等）。這些事務的具體事項，因人而異，不能一概而論，取決於該個人的生活背景、工作經歷、身體狀況等因素，再加上該個人及其周遭之人在特定時空背景下，所在意的事務爲何？無論如何，都需要與他人溝通、討論，進而逐一盤點需要進行事前規劃的生活事務，同時也篩掉一些無關緊要的事務。在這個過程，如可尋求具有法律專業且思路清楚、條理分明之律師提供協助，當得期待更有效地理出重要而需進行安排的生活事務清單。

5

　　列出生活清單後,即需要針對各項生活事務妥適地進行安排,且此安排往往涉及一些法律事項。例如:平常由誰協助至銀行領日常零用金?誰保管印章?誰保管存摺?由誰前往郵局代為處理信件收寄?由誰前往醫院代領用藥?誰代表出席社交活動?等,均須在規劃時進行評估並且分析利弊,進而將安排妥適之生活事務留下紙本或電磁紀錄。

　　另外律師具獨立性,且有律師專業倫理之要求,能客觀並公正地實行委任人所委託的事項。因此,除了上開律師可以協助列出生活事務清單、具體規劃生活事務外,更可委任律師擔任全部/一部生活事務之實際執行者。

　　總而言之,what(有哪些生活事務)、how(如何準備生活事務)、who(誰來代為執行生活事務),如有律師從旁協助及參與,勢必能有效降低日後發生糾紛的可能性,讓生活事務的因應、準備與 ATP 所欲實現的宗旨,可得完全貫徹。

BOX 5-9　律師具備生活事務處理受任人的特質

- 對重要性事務具敏銳度,可協助盤點生活事務清單。
- 具專業度,可實際協助生活事務的超前部署。
- 具獨立性,能客觀公正地擔任生活事務處理之受任人。

5-6 身後事務之受任人vs.律師

　　相信大多數人面臨死亡及死亡後的事務處理，或許最優先的選擇，還是希望由關係親近的家屬來代為處理吧！但如同前述，身後事務的處理上，相對繁瑣。關係親近的家屬，在您離世時，或許正處於承受悲傷的情緒中，或許希望能在這最後一段時間裡，多陪伴您。也或許您早已規劃好一切事務，不想勞煩家屬；抑或者您是奉行單身主義，瀟灑不喜與人交際的獨行俠，並無想委託的家屬，幫您走完這最後一途。不論是上面哪一種情況，由律師協助您處理身後事務，其實將是您可以考量的選項之一。

　　由律師執業所具備的法律專業、熟稔各政府機關行政程序、以當事人利益為最優先考量等特質，選任信任的律師協助身後事務之規劃、管理及執行，當是一個值得考量的選項。

BOX 5-10　律師具備身後事務處理受任人的特質

- 具理性分析特質，得提供規劃身後事務管理之通盤建議。
- 具專業度，提供身後事務管理面所涉及法律問題之諮詢，及契約審閱等。
- 具獨立性，相較於親友，律師得以第三人角度，中立、客觀、迅速處理各項身後事務。

Memo

Chapter 6

Let's Do ATP!

　　迎向超高齡社會的到來，將面臨「意思決定困境」及「臨終場所短缺」之課題，得藉由實踐「預立樂活善生計畫」（ATP）予以因應，而於理解 ATP 所包含「預立照護計畫」（ACP）——醫療／照護、「預立財務計畫」（AFP）——保險、信託、意定監護等各面向及其案例演習與「善生計畫」（GLP）之介紹，加上參考國內外 ATP 之相關規劃工具後，Chapter 6 提出應當下做起，動手做 ATP 外，亦展望為因應迎向超高齡社會的到來，除推動個人之實踐 ATP（自助）外，更有必要集眾人之力（互助、公助、共助），而建構一個充滿友善關懷、彼此連結之共生社會，朝向「努力活好、自然善終」邁進。

6-1 動手做ATP

　　我們總是會覺得還太早，直到已經是太遲了。所以，為避免發生「太遲了」、「早知道」的後悔遺憾狀況，何不立刻「動手做 ATP」！

　　或許您覺得自己目前身體狀況良好，並無什麼特別的病痛，且也做好該有的健康管理，控制飲食，維持運動，且工作穩定、家庭美滿，一切都是那麼地美好。但世事無常、變化不斷，意外或意想不到的事情，很可能在下一刻即發生，進而衝擊現有的一切美好，令美好產生變化甚且消失。因此，我們可以做的，不正是體認變化必將發生，而儘早規劃、預為準備？

　　或許您覺得自己不至於運氣那麼差，而碰到不好的變化。但您的家屬或您所關心的友人等，是否大家全部都能如同您這麼幸運般，不會碰到意外或意想不到的事情，而衝擊到他們現有的一切美好？因此，我們可以做的，其實不只是自己本身要體認因應變化、預為規劃準備，甚且也宜提醒、協助我們的家屬或我們所關心的友人等，也要體認因應變化、預為規劃準備。是以，不論我們自己或我們的家屬或我們所關心的友人等，都宜做到體認因應變化、預為規劃準備。

　　如何動手做 ATP？不論是從儲蓄、生前贈與、保險、信託（包括信託監察人）、意定監護（包括意定監護人）、遺囑（包括遺囑執行人）、生活事務（包括受任人）及身後事務（包括受任人）等財務面之 AFP，或是由健康照護面之 ACP（包括預立醫療決定、醫療委任代理人），還是甚至是從善生面入手皆可。並無一定必須從哪一面向開始的要求，甚且限制。重

要在於「開始」（start）、「持續」（ongoing）及「更新」
（renew）。尤其「更新」非常有必要。因為不只是我們的想
法會改變，我們的家屬或我們所關心友人的想法等會改變，甚
且外在的環境也會改變，而這些改變都可能影響我們已做出的
規劃，不論是在財務面、健康照護面以及善生面。因此，因應
上述變化，而持續地「更新」已完成的規劃，儘可能保持此等
規劃，確實符合我們當下的想法及需求，是很重要的。

　　又如何適切地判斷何時該進行「更新」？或可試著依循
「5D 原則」。亦即，在面臨以下 5 種情狀時，即可考量是否
「更新」已完成的規劃：

(1)「定期」（decade，即做成規劃後，每 10 年或甚至 3、
　　5 年）。

(2)「分離」（death，即得知親友、名人之死亡或 divorce
　　離婚）。

(3)「疾病」（diagnosis，即當本身、親友、名人確診重大
　　疾病如罹癌、失智症等）。

(4)「衰退」（declining，即當感知本身之身心機能愈來愈
　　衰退）。

(5)「決定」（decision，即當面臨人生重大決定，如是否
　　接受重大手術等）。

　　接著，該如何動手做 ATP ？除 Chapter 2-3 所說明之 TPO
三軸線的方法外，建議可結合以下 7 步驟。即：

(1)「想」（think）

　　就是檢討自己有關健康照護面、財務面，甚且善生面等各
面向相關事項之過去、現在及未來的自己想法是什麼內容？計

6

畫怎麼做等。例如基於過去照顧需管灌餵食而長期臥床母親的經驗，曾想過自己不想如此？如確診癌症等重病，想接受或不願接受什麼樣的治療？退休後計畫什麼樣的生活？經濟來源如何確保？曾想過是否要舉辦告別式？想要什麼樣的告別式等。

　　建議可參考 Chapter 4-1 所介紹的各項工具（如 ATP 套組等），挑選自己覺得合適的工具加以利用，協助自己逐步整理有關上述各面向事項之想法。在進行前述想法之整理時，不需要花很長的時間而一次完成所有面向之全部事項的檢討。得考慮設定每次計畫整理的具體事項，在一定期間內，予以逐次依序依項進行即可。不需給自己太多壓力及太大負擔。

(2)「學」（learn）

　　在上述「想」的檢討過程中，一定會碰到一些原本即不甚理解的事項。例如什麼是維持生命治療？什麼是信託？什麼是醫療委任代理人？什麼是身後事務？此際即須進而主動「學習」這些自己尚未完全理解事項之意義、效用、如何利用等內容，才能進一步評估檢討本身是否有此各項需求？如何進行規劃？等。

　　學習的方式，除了自行尋找相關資料加以研讀外，亦得直接向相關專家（如醫師、律師、會計師、地政士、財務規劃師等）諮詢。同時，也可以考量參加相關事項之課程。另外，也可嘗試邀集家屬、友人等可信賴人士，一起「共學」，而未必僅能自己「獨學」。透過「共學」方式，「共享」學習過程的一些想法，進而「共創」實踐的做法，或許在學習及檢討規劃上，能夠更完整周全而更符合自己想法及需求。

(3)「選」（choose）

　　接著的步驟是「選」，也就是說在「主體」方面，選任「醫療委任代理人」、「信託監察人」、「意定監護人」、「生活事務受任人」、「身後事務受任人」及／或「遺囑執行人」之特定人選。而在「事務」方面，則選擇立即規劃、執行如上述之健康照護面（如簽署「預立醫療決定」等）、財務面（如簽訂信託契約等），甚且善生面（如服務計畫之擬定執行）等各面向具體事務。

(4)「談」（discuss）

　　在進行「想」、「學」及「選」的步驟後，可期待基本上就本身有關 ATP 之規劃，已有一定的想法、整理及方向外，亦已選定「醫療委任代理人」等之參與者。接下來即是進行「談」的步驟。亦即，可將自己已整理有關 ATP 規劃的想法及方向等，依不同面向之不同事項，邀集家屬及「醫療委任代理人」等共同討論對話及溝通。一方面表達自己就此等事項之想法給家屬及「醫療委任代理人」等；另方面，亦可獲知家屬及「醫療委任代理人」等就自己上述想法的意見、建議。在此持續反覆地討論對話及溝通過程中，也可幫助自己加以檢討、調整自己原先的想法等，也得令家屬及「醫療委任代理人」等，確實理解自己的想法等，而有助於自己想法等，獲得家屬及「醫療委任代理人」等之理解及尊重，並且有助於自己想法等之實現。

　　當然，基於不同面向事項之討論對話及溝通，亦可能必須依具體狀況，邀請健康照護面之醫師等專業醫療團隊，財務面之保險、信託專家、會計師、律師，及身後事務面之禮儀師等不同領域專家之參與，以協助 ATP 之規劃及進行。

(5)「記」（record）

　　「記」的步驟，就是建議除了在進行「想」、「學」及「選」的過程中，宜適切地就曾想到、學到及考量到的一些想法，儘量予以記錄（含書面、錄音、錄影）外，如就特定事項已有所決定時，建議可進而留下紀錄。同時如記錄的程序、格式，依法律規定有一定的要求者，例如，信託必須以契約或遺囑為之；意定監護契約必須為書面及經公證人公證；遺囑必須以書面為之；以及如要求健康照護面之預為意思決定，要具有病主法之效力，則必須經醫療機構提供之「預立醫療照護諮商」及簽署「預立醫療決定」，加上經 2 人以上見證或公證人公證等。

(6)「分」（share）

　　「分」是指「分享」、「傳達」的意思，也就是說，將已做成紀錄的想法、決定，「分享」、「傳達」予自己認為有必要知道這些想法、決定的人士。例如家屬、朋友、醫療團隊或家庭醫師等。此「分享」、「傳達」的目的有二：一是讓這些人士確實理解關於某些事項，您的想法、決定等是什麼內容，而能尊重甚至促成這些想法、決定之實現；二是避免這些人士因不理解關於某些事項，您的想法、決定是什麼內容，而就此產生爭執。是以，「分」攸關以上兩目的是否可達成，也是不可輕忽的步驟。

(7)「修」（revise）

　　如同前述，世事無常、變化不斷，包括我們本身的身心、想法，以及外在的環境、事務，均無時無刻地變化著。因此，已做成紀錄之決定、想法等，無法排除改變的可能性。因此，

建議可參考前述「更新」的 5D 原則，定期或不定期地「修正」、「更新」已做成紀錄之決定、想法。以求紀錄所呈現的內容，能夠儘可能地得符合自己當下的決定、想法。同樣地，如果此「修正」、「更新」之程序、格式，涉及法律規定有一定的要求者，例如必須以書面等，亦建議宜依循此法定之程序、格式予以進行，以免此「修正」、「更新」未具有應有之法律效力。

　　以上，雖區分「想」、「學」、「選」、「談」、「記」、「分」及「修」之 7 步驟，依序說明如何動手做ATP。但以上 7 步驟與其說是絕對地依先後順序進行，不能變動，倒不如宜採有機彈性的運用。換句話說，並不排斥將一些想法先「記」下來，再「想」、再「學」、再「談」。也不排斥先「談」、再「想」、再「學」等。亦即，重要的是藉由這些步驟的利用及其過程，而協助自己規劃 ATP，並不是為依循它，卻反而受到此步驟的限制。

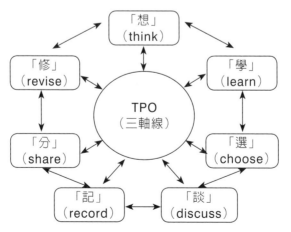

圖6-1　動手做ATP之TPO三軸線 + 7步驟

6-2 從超高齡社會迎向共生社會

　　雖然我們都是獨立的個體，但我們卻無法完全而絕對地與他人、與其他生物，甚至與非生物沒有連結、沒有依存而獨立生存。換言之，事實上我們都必須與他人、其他生物／非生物（以下統稱環境）等相互連結、互相依存才能生存。是迎向超高齡社會下，個人除了藉由本書所揭櫫之 ATP，分別從 ACP、AFP 及 GLP 予以因應「意思決定困境」、「臨終場所短缺」等課題，做到基本的「自助」，並從個人與個人間相互幫助的「互助」，政府部門所提供的「公助」外，如何進而擴大到社會成員間集體之「共助」，再基於社會成員間集體之「共助」，逐步建構一個適合因應超高齡社會之「共生社會」，藉此共生社會的力量而因應超高齡社會，亦是一個重要的課題。也就是說，藉由個人間相互連結、互相依存之關係，進而建構一個適合因應超高齡社會之「共生社會」，亦應是個人於進行 ATP 之同時，必須重視及參與實踐的重要課題。

　　於日本復特別強調此「共生社會」係為「地域共生社會」。即強調每一個地區／社區均可建構一個「共生社會」。換言之，並非僅是一個單一的「共生社會」，而是由不同住民間的各別共同生活區域，所構成同時併存之眾多的「共生社會」。此「地域共生社會」依日本厚勞省之定義，係指「在地區中，並非固定化接受者／支援者之關係，而是全部的住民相互連結，共同營造地區。同時，行政、民間之各個主體，係以構築住民間得以相互支援之條件為目標的社會」。[1]

---

[1]　有關日本「地域共生社會」之推動，可參日本厚勞省之說明，https://www.

　　另外，於世界各國尤其是大英國協的國家如英國、澳洲及加拿大[2]等，亦逐漸推動展開所謂 Compassionate Communities（CC）（有譯成「關懷友善社區」）。亦即，疾病、臨終、死亡及喪失等情形，既是全部的人類皆會面臨，而普遍地存在發生，則就此疾病等情形之因應處理，即應促使大家有此共感認知進而行動。故臨終照護較之僅由緩和照護等醫療照護者予以提供，不如說由家屬、友人、地區志工等非醫療專家之提供，其實更為重要。亦即，CC 是以將生老病死交回地區住民為目的，亦是將公共衛生與緩和照護（Public Health Palliative Care）予以結合及推動。

BOX 6-1　**Compassionate Communities（CC）**

- CC是由原為死亡社會學學者Allan Kellehear教授於2005年所提出。之後，即於大英國協的國家如英國、澳洲及加拿大等，迅速推動展開。於加拿大的推展尤其顯著，並發展出Compassionate City Charter（有譯成「友善關懷城市憲章」），而非營利組織之Pallium Canada即扮演著推動CC的重要角色。
- 在國民健康署前署長王英偉帶動下，近年來於台灣，亦逐漸展開CC（稱關懷友善社區）之推動。另台灣安寧

---

mhlw.go.jp/stf/seisakunite/bunya/0000184346.html（最後瀏覽日：2021年10月23日）。

2　有關加拿大推動Compassionate Communities之狀況，可參Pallium Canada之介紹，https://www.pallium. ca/compassionate-communities/（最後瀏覽日：2021年10月23日）。

6

緩和醫學學會並曾於2019年台灣安寧緩和療護聯合學術研討會邀請Pallium Canada之Bonnie Tompkins來台參加有關CC之workshop。

再者，個人於迎向超高齡社會時，藉由ATP而為自己、為他人預為準備、超前部署外，仍應復基於與他人、與環境相互連結、互相依存之覺知，而能做到互助、共助，進而共同營造適合在地住民需求之關懷友善社區，落實共生社會之構建，方是真正而全面地因應迎向超高齡社會挑戰之實踐做法吧！

最後，世事的生起幻滅，既非單一原因所得致，亦非我們所得絕對掌控。因此，不論我們如何地預為準備、超前部署，仍可能發生不在我們原所預期及認為已因應準備之狀況。是以，預為準備、超前部署並非達成一個絕對結果的獲得，而應僅是到達一個暫定的狀態，相對的結果，必須隨著持續變化的狀況，予以適切適時地調整。同時，亦宜覺知不論如何地準備、因應及調整，會有非如預期的狀況發生。是以，「充分準備，惟保留一些餘地予因緣。積極因應，但預設一點空間給自己[3]」，或也是進行ATP之同時，可返照內省的覺知。

---

[3] 引自「共學安老行者」——常延法師於「澄雲共學善生讀書會」之開示。

附錄

各式契約參考範例

《聲明》

- 本附錄所提供之各式契約範例，僅係提供進行預立樂活善
  生計畫（ATP）規劃之參考，不宜直接使用於個別特定具
  體情形。
- 就個別特定具體情形，建議仍應諮詢法律等相關專家，以茲
  周全。

附錄一

醫療委任代理人委任書

謹委任本人之醫療委任代理人如下：

受任人姓名	■中文：	■英文：
身分證號碼／居留證或護照字號	■本國人- □國民身分證統一編號： ■非本國人- □居留證：　　　　　　　□護照字號：	
生日／年齡	生日：西元　　　年　　　月　　　日／年齡：　　　歲	
住（居）所	■郵遞區號： ■地址： 　　　　市（縣）　　　區（鎮／鄉／村）　　　里 　　　　路（街）　　段　　巷　　弄　　　號 　　　　樓（　　大樓／　　社區）　　室。	
連絡方式	■電話：　　　　　　　■電子郵件： ■LINE ID：　　　　　　■其他：	
順位	■第　　順位 （□另有委任其他第　　順位之醫療委任代理人／□無委任其他順位之醫療委任代理人）	

以上受任人之權限如下：

一、於本人無法表達意願時，代理本人依「安寧緩和醫療條例」第5條等規定，簽署意願書及撤回意願之權限。

二、於本人意識昏迷或無法清楚表達意願時，依「病人自主權利法」（病主法）第10條第3項等規定，代理本人表達醫

療意願，行使以下之權限：

(一)聽取病主法第5條之告知。

(二)簽具病主法第6條之同意書。

(三)依本人預立醫療決定內容，代理本人表達醫療意願。

　　　立書人：

　　　　　■姓名：　　　　　　　　（親簽）

　　　　　■國民身分證統一編號／居留證或護照字號：

　　　　　■住（居）所：

　　　　　■連絡方式

　　　　　□電話：　　　　　□LINE ID：

　　　　　□其他

西　　元　　　　　年　　　　　月　　　　　日

....

■本人同意接受立書人以上之委任

　　　　　受任人

　　　　　姓名：　　　　　　　　（親簽）

西　　元　　　　　年　　　　　月　　　　　日

附錄二

贈與契約

立約人

贈與人：＿＿＿＿＿＿＿＿＿＿＿（下稱「甲方」）

受贈人：＿＿＿＿＿＿＿＿＿＿＿（下稱「乙方」）

茲就甲方贈與財產予乙方之事宜，雙方合意訂立本契約條款如下：

一、甲方同意透過以下方式將以下財產贈與予乙方。乙方同意
　　受贈以下財產且遵守相關條件，亦知悉甲方不負任何法律
　　上責任（包括但不限於瑕疵擔保責任等）。

　　1. 贈與方式

　　　　□無償贈與

　　　　□附條件贈與，條件為乙方應於＿＿＿年＿＿＿月＿＿＿日前
　　　　完成＿＿＿＿＿＿＿＿＿＿＿，經甲方確認後，乙方
　　　　始得向甲方請求履行本契約。

　　2. 贈與財產

　　　　(1) □動產之所有權

種類	數量	金額／價值	備註

(2) □不動產之所有權

• 土地

土地	鄉鎮市區	
	地號	段　小段
	地目	
	面積（平方公尺）	
	權利範圍	
	贈與持分	
	他項權利	

• 建物

建物	門牌	市（縣）　區（鄉鎮） 街（路）　段 巷 弄 號 樓	
	鄉鎮市區		
	建號		
	面積（平方公尺）		
	權利範圍		
	贈與持分		
	附屬建物	用途	
		面積（平方公尺）	
	他項權利		

二、贈與之財產尚未移轉前，甲方得隨時通知乙方撤銷其
　　贈與。

三、乙方有下列情事之一者，並經甲方認定後，甲方得撤銷
　　贈與：

    1. 對於甲方、其配偶、直系血親、三親等內旁系血親或二親等內姻親，有故意侵害之行為，依刑法有處罰之明文者。

    2. 對於甲方有扶養義務而不履行者。

    3. _____。

    4. _____。

四、雙方之義務

    1. 甲方同意偕同乙方辦理一切相關法律程序以完成第1條財產之贈與。

    2. 乙方同意，如有產生贈與稅、土地增值稅、契稅等相關稅費或其他雜費，由其自行負擔。

五、本契約書茲作成一式二份，由甲乙雙方署名簽章後，各執一份為憑。

甲方（贈與人）：_____（簽名蓋章）

國民身分證統一編號：_____

地址：_____

電話：_____

乙方（受贈人）：_____（簽名蓋章）

國民身分證統一編號：_____

地址：_____

電話：_____

西　元　　　　　年　　　　　月　　　　　日

信託契約

立約人

委託人兼受益人：＿＿＿＿＿＿＿＿＿＿＿（下稱「甲方」）

受託人：＿＿＿＿＿＿＿＿＿＿（下稱「乙方」）

甲方為保障未來安養、醫療及生活等所需，並繼續提供照顧子女所需費用等目的，特與乙方簽訂本信託契約（下稱「本契約」），雙方並約定條款如下：

一、本契約當事人

(一) 委託人兼受益人（甲方）：＿＿＿＿＿＿＿＿＿＿。

(二) 受託人（乙方）：＿＿＿＿＿＿＿＿＿＿。

(三) 受益人：＿＿＿＿＿＿＿＿＿＿（詳細資料如附件一，下稱「受益人○○○」）。

(四) 信託監察人：＿＿＿＿＿＿＿＿＿＿（詳細資料、次順位信託監察人及信託監察人願任書如附件二）。

二、信託目的

甲方為保障未來安養、醫療及生活等所需，並繼續提供照顧其子女（即受益人○○○）所需費用等（包括甲方尚生存時及死亡以後），故將財產信託予乙方，由乙方依本信託契約之約定，管理及運用信託財產，包括支付上開甲方

及其子女（即受益人）所需費用，及依情事變更調整給付
之內容、方式等。

三、信託財產

(一) 甲方應於本契約簽署後＿＿日內，將新臺幣（下同）＿＿
　　＿＿＿＿＿元匯入乙方所開立之信託專戶，作為信託財產。
(二) 甲方於信託存續期間內，亦得新增信託財產。
(三) 因信託財產之管理、處分、滅失、毀損、保險理賠或其他
　　事由取得之財產權，仍屬信託財產。
(四) 信託財產於信託期間所生孳息，亦屬信託財產。

四、信託存續期間

本契約所約定信託之存續期間，自雙方簽署本契約，並甲
方交付第三條第(一)項之信託財產時起，至受益人○○○
年滿＿＿歲為止。

五、信託財產之管理

乙方應開立信託專戶，專門管理及存放信託財產，並不得
與乙方自有財產或他人財產混合。

六、信託財產之運用及給付

(一) 乙方應依以下方式給付信託利益
　　1.為甲方之利益給付
　　　(1)於甲方入住安養機構之期間，每＿＿個月給付安養
　　　　機構之費用＿＿＿＿＿＿＿元至指定安養機構帳戶
　　　　（詳細資料如附件三）。

(2)於甲方生存期間，每＿＿＿個月給付生活費＿＿＿＿＿＿＿
　　　＿＿＿元至甲方帳戶（詳細資料如附件三）。

2. 為受益人○○○之利益給付

　　於受益人○○○生存期間，每＿＿＿個月給付生活費＿＿
　　　＿＿＿＿＿＿元至受益人○○○帳戶（詳細資料如附件
　　三），至受益人○○○年滿＿＿＿歲為止。

(二) 前項給付帳戶或安養機構之變更，應經雙方及信託監察人
　　書面同意（如為前項第2款之給付，並須經受益人○○○
　　書面同意）後行之。

七、信託給付之調整

　　如因消費者物價指數調漲（自信託存續期間開始，累計
　　增加幅度已達＿＿＿%）、法令變更、相關費用（如安養機
　　構之費用、雜費等）調漲，或甲方或受益人○○○因疾
　　病、意外事故、購買醫療器材及輔具、教育、或其他特
　　殊因素，而有調整或增加本契約第六條第(一)項所約定給
　　付之金額、期間、項目或內容之必要者，乙方得自行或依
　　甲方或受益人○○○之申請，經雙方及信託監察人書面
　　同意（如為第六條第(一)項第2款之給付，並須經受益人
　　○○○書面同意）後行之。

八、乙方之義務

(一) 乙方應依善良管理人之注意義務，按信託目的及本契約之
　　約定，管理及運用信託財產。

(二) 乙方應每＿＿＿個月將其處理信託事務及信託財產之狀況，
　　製作書面向甲方及信託監察人報告。

(三) 乙方應配合信託監察人之監督,並應依信託監察人之要求提供相關資料及說明。

(四) 信託關係消滅時,乙方應就信託事務之處理作成信託財產結算報告書,並取得信託監察人及信託財產權利歸屬人之承認。

(五) 其他本契約所約定及相關法令所規定之事項。

九、乙方之報酬及費用負擔

(一) 甲方於雙方簽署本契約時,應給付乙方＿＿＿＿＿＿＿元。

(二) 甲方於信託存續期間(存續期間不滿一個月者,仍以一個月計算),應另按月給付乙方＿＿＿＿＿＿＿元,並由乙方自信託財產內扣除之(每月＿＿＿日扣款)。

(三) 倘有本契約第六條第(二)項及第七條之信託給付內容調整,或第十一條之契約變更情形者,除雙方另有約定外,每次調整或變更,甲方應另給付乙方手續費＿＿＿＿＿＿元。

(四) 乙方因執行本契約之義務而支出之各項應繳納予第三人之費用(包括但不限於因處理本契約義務涉訟而支出之法院裁判費、律師費)及稅捐等,均由甲方另行付擔,不在前二項之報酬範圍內。如由乙方先行代墊者,乙方得請求甲方償還,並得由信託財產內扣抵之。

十、信託監察人

(一) 信託監察人有權依本契約及相關法令規定,監督乙方執行職務、行使同意權,並得以自己之名義,代受益人(包括甲方及受益人○○○)為訴訟上或訴訟外之行為。

(二) 信託監察人怠於執行職務或有其他重大事由時（包括但不限於實際上無法或難以執行職務時），甲方得解任之。

(三) 信託監察人如有正當理由，得經甲方許可後辭任之。

(四) 信託監察人死亡、破產、辭任、被解任、被撤銷、廢止許可或解散時，依以下方式辦理：

　　1. 如甲方已有書面指定次順位信託監察人者，由該次順位信託監察人遞補爲監察人。

　　2. 如甲方未指定次順位信託監察人者，由甲方指定替任之信託監察人，並以該替任監察人出具監察人願任同意書予乙方時，發生效力。

　　3. 如無次順位或替任之信託監察人者，本契約關於信託監察人之規定均不適用之。

(五) 有關信託監察人之報酬及權利義務關係，由甲方及信託監察人另行書面約定之。如甲方與信託監察人約定，信託監察人之報酬，由信託財產內給付者，乙方應配合給付之。

十一、契約之變更

除本契約另有約定外，本契約之內容如有變更之需要，須經雙方以書面同意，並經信託監察人之同意行之。

十二、契約之終止

(一) 本契約因下列原因終止

　　1. 信託存續期間屆滿者。

　　2. 因法令變更、不可抗力或其他非可歸責於雙方之事由，導致本契約約定之信託目的全部不能達成者。

　　3. 信託財產已不足支付本契約約定之給付者。

4. 其他法令規定或本契約另有約定之情形。

(二) 甲方、受益人○○○或乙方得提前終止本契約之情形

1. 甲方（或受益人○○○）如欲提前終止本契約，須於預定終止日＿＿日前以書面通知乙方、受益人○○○（或甲方）及信託監察人，並得受益人○○○（或甲方）及信託監察人之書面同意，方生效力。

2. 乙方如欲提前終止本契約，須於預定終止日＿＿日前以書面通知甲方、受益人○○○及信託監察人，並得甲方、受益人○○○及信託監察人之書面同意，方生效力。

3. 第1、2款之情形，如甲方已死亡者，無須再得甲方同意。

4. 第2款之情形，除雙方另有約定外，乙方於新受託人能夠承接信託事務前，仍保有受託人之權利及義務。

(三) 本契約終止時，或乙方死亡、破產、受監護宣告或輔助宣告時，甲方得指定新受託人，並乙方或其繼承人、法定代理人、遺產管理人、破產管理人、監護人、輔助人應繼續保管信託財產，及為信託事務之移交採取必要措施。

(四) 甲方死亡、破產、受監護宣告或輔助宣告者，本契約並不因此終止。

十三、契約終止後剩餘信託財產之歸屬

本契約終止時，如甲方已死亡者，乙方應將剩餘信託財產扣除信託費用及稅捐之餘額，歸屬受益人○○○所有；惟如甲方尚生存者，則應將餘額歸屬甲方所有。

十四、保密義務

雙方對本契約之內容，及因履行本委任契約所知悉他方之事項，均應負保密義務。於本委任契約終止後，亦同。

十五、爭議處理

因履行本契約所生爭議，雙方應先本於友好協商解決。如有進行訴訟之必要，雙方同意以臺灣＿＿＿地方法院為第一審專屬管轄法院。

十六、其他約定事項

(一) 本契約一式二份，由雙方各執一份為憑。

(二) 本契約之約定如有未盡事項，悉依民法、信託法及相關法令處理。

立約人

甲方（委託人兼受益人）：＿＿＿＿＿＿＿＿＿＿（簽名蓋章）

國民身分證統一編號：＿＿＿＿＿＿＿＿＿＿

地址：＿＿＿＿＿＿＿＿＿＿＿＿＿＿＿

電話：＿＿＿＿＿＿＿＿＿＿＿＿＿＿＿

乙方（受託人）：＿＿＿＿＿＿＿＿＿＿＿＿＿（簽名蓋章）

國民身分證統一編號：＿＿＿＿＿＿＿＿＿＿

地址：＿＿＿＿＿＿＿＿＿＿＿＿＿＿＿

電話：＿＿＿＿＿＿＿＿＿＿＿＿＿＿＿

西　　元　　　　　年　　　　月　　　　日

附件：（略）

附錄四

信託監察人委任契約

立約人

委任人：＿＿＿＿＿（信託契約之委託人，下稱「甲方」）

受任人：＿＿＿＿＿（信託契約之信託監察人，下稱「乙方」）

為甲方民國（下同）＿＿年＿＿月＿＿日與＿＿＿＿＿＿＿＿（信託契約受託人）所簽訂信託契約（下稱「本信託契約」），甲方茲委任乙方為本信託契約之信託監察人，雙方並簽訂本委任契約（下稱「本委任契約」）及約定如下：

一、本信託契約內容

(一) 契約名稱：＿＿＿＿＿＿＿＿＿＿＿。

(二) 簽約日期：＿＿年＿＿月＿＿日。

(三) 契約編號：＿＿＿＿＿＿＿＿＿＿＿。

(四) 受託人：＿＿＿＿＿＿＿＿＿＿＿＿（下稱「受託人」）。

(五) 受益人：＿＿＿＿＿＿＿＿＿＿＿＿（下稱「受益人」）。

二、本委任契約之期間

(一) 除本委任契約另有約定外，本委任契約自簽署日起生效，至本信託契約之信託存續期間屆滿為止；惟如乙方之義務尚未終了，則至乙方之義務終了時為止。

(二) 本委任契約不因甲方之死亡而終止或消滅。

三、乙方之義務及責任

(一) 監督受託人執行信託事務及信託財產支用情形。

(二) 每＿＿＿個月確認受託人所造具之帳簿、信託財產目錄、收支計算表等，及受託人處理信託事務情形，並製作報告向甲方回報。

(三) 為維護受益人之利益而有必要時，或依受益人之請求，以自己名義，為受益人為信託法所規定訴訟上或訴訟外之行為。惟相關所需費用及報酬，由甲乙雙方另行協議之。

(四) 行使本信託契約所約定信託監察人之同意權。

(五) 其他本信託契約、本委任契約所約定及相關法令所規定之事項。

(六) 其他：（如定期訪視受益人、保管文件等）

(七) 乙方執行本委任契約之義務，應本於善良管理人注意義務，並基於本信託契約之信託本旨及維護受益人之利益為之。如因執行本委任契約之義務，而取得金錢、物品、孳息或權利者，應交付或移轉予受益人。

四、乙方之報酬及費用負擔

(一) 甲方於簽署本委任契約時，應給付乙方新臺幣（下同）＿＿＿＿＿＿＿＿＿元。

(二) 甲方於本委任契約存續期間（存續期間不滿一個月者，仍以一個月計算），另應按月給付乙方＿＿＿＿＿＿＿元，並由信託財產內給付（每月＿＿＿日付款）；如信託財產不足支付者，乙方得另向甲方請求給付。

(三) 乙方因執行本委任契約之義務而支出之事務費（包括但不限於交通費、郵費、影印費），另由乙方向甲方實報實

銷，不在第一項之報酬範圍內。

(四) 第三條第(三)項爲訴訟上或訴訟外行爲所需費用及報酬，由雙方另以書面協議之，不在第一項之報酬範圍內。

(五) 前二項之費用或報酬，如由乙方先行墊付者，乙方得請求甲方返還，並得由本信託契約之信託財產內扣抵之。

五、本委任契約之變更

本委任契約之內容（包括但不限於乙方之義務、乙方之報酬）如有變更之需要，須經雙方以書面同意行之。

六、本委任契約之終止

(一) 乙方死亡、破產或喪失行爲能力時，本委任契約當然終止。

(二) 任一方違反本委任契約之約定，經他方通知改善後仍未爲之者，該他方得終止本委任契約，並得請求損害賠償。

(三) 雙方得合意終止本委任契約。

(四) 本委任契約終止後之權利義務關係，除本委任契約另有約定外，悉依民法及相關法令之規定。

七、保密義務

雙方對本委任契約之內容，及因履行本委任契約所知悉他方之事項，均應負保密義務。於本委任契約終止後，亦同。

八、爭議處理

因履行本委任契約所生爭議，雙方應先本於友好協商解

決。如有進行訴訟之必要，雙方同意以臺灣＿＿地方法院
爲第一審專屬管轄法院。

九、其他約定事項

(一) 本委任契約一式二份，由雙方各執一份爲憑。

(二) 本委任契約之約定如有未盡事項，悉依民法、信託法及相
關法令處理。

立約人

甲方（委任人）：＿＿＿＿＿＿＿＿＿＿＿＿＿＿（簽名蓋章）

國民身分證統一編號：＿＿＿＿＿＿＿＿＿＿＿

地址：＿＿＿＿＿＿＿＿＿＿＿＿＿＿＿＿＿＿

電話：＿＿＿＿＿＿＿＿＿＿＿＿＿＿＿＿＿＿

乙方（受任人）：＿＿＿＿＿＿＿＿＿＿＿＿＿＿（簽名蓋章）

國民身分證統一編號：＿＿＿＿＿＿＿＿＿＿＿

地址：＿＿＿＿＿＿＿＿＿＿＿＿＿＿＿＿＿＿

電話：＿＿＿＿＿＿＿＿＿＿＿＿＿＿＿＿＿＿

西　　元　　　　　　年　　　　　　月　　　　　　日

附錄五

自書遺囑

本人張○○，民國○○年○○月○○日生，國民身分證統一編號AXXXXXXXXX，茲依民法之規定，自書遺囑內容如后：

一、不動產部分

(一) 本人所有座落於○○市○小段地號○○○土地及地上建物〈門牌號碼　○○市○○路○○號〉之住宅，由長女及長子分別繼承其應有部分1/2。

(二) 本人所有座落於○○縣○小段地號○○○土地及地上建物〈門牌號碼　○○市○○路○○號〉之住宅，如配偶未對本人主張剩餘財產分配請求權，則由配偶單獨繼承；如配偶對本人主張剩餘財產分配請求權，則由配偶與長女、長子、次女分別繼承其應有部分1/4。

(三) 本人所有座落於○○市○○段地號○○○土地，所有持分由次女單獨繼承。

二、動產部分

(一) 本人所有之○○○跑車由長子單獨繼承。

(二) 本人所有之股票由長女單獨繼承。

(三) 本人所有之海外基金及債券，由配偶單獨繼承。

(四) 本人為長女、長子、次女投保並由本人擔任要保人之○○人壽保險保單，其保單價值，按各該保單分別由各被保險人即長女、長子、次女繼承。

(五) 本人所有之○○銀行○○分行中存款○○元，遺贈○○元予XXX，其餘優先供繳納遺產稅及遺囑執行人報酬，若

有剩餘，則按第三條方式處理。

三、本人之其他財產（包括但不限於珠寶若干、字畫等），於扣除一切稅捐及費用後，如有剩餘，由全體繼承人按人數平均繼承。

四、本人指定○○○（身分證字號：XXXXXXXXX、電話XXXXXXXXXX）擔任第一順位之遺囑執行人。並指定○○○（身分證字號：XXXXXXXXX、電話XXXXXXXXXX）擔任第二順位之遺囑執行人，於第一順位拒絕就職時就職。並指定遺囑執行人之報酬為新台幣○○元。

五、本人死亡後，喪禮程序依照本人與○○生命禮儀事業簽署之生前契約辦理，採傳統告別儀式，簡單、溫馨即可，切勿鋪張。

六、於本人去世後，希望眾子女能孝順母親，努力認真各自學業、事業等，但求問心無愧即可。

七、本遺囑乙式兩份，由本人保管乙份，其餘乙份由遺囑執行人○○○保管，並據以辦理繼承相關事項。

立遺囑人：張○○＿＿＿＿（簽名蓋章）

國民身分證統一編號：＿＿＿＿＿＿＿＿

地址：＿＿＿＿＿＿＿＿＿＿＿＿＿＿

電話：＿＿＿＿＿＿＿＿＿＿＿＿＿＿

西元○○○年○○月○○日

遺囑執行人委任書

本人張○○茲以遺囑指定○○○（國民身分證統一編號：____
_____）擔任遺囑執行人，並由○○○於本人身故
後視其身體狀況等情形，決定是否同意就職。

本人並指定遺囑執行人報酬為為新台幣○○元。本人並同意以
本人所有之○○銀行○○分行中存款，作為繳納遺囑執行人報
酬及遺產稅之來源。

此致
○○○先生／女士

立遺囑人：張○○____（簽名蓋章）
國民身分證統一編號：_____
地址：_____
電話：_____
西元○○○年○○月○○日

生活事務處理契約

立約人

委任人：＿＿＿＿＿＿＿＿＿＿＿＿（下稱甲方）

受任人：＿＿＿＿＿＿＿＿＿＿＿＿（下稱乙方）

甲乙雙方同意依本契約條款履行，並簽訂條款如下：

第一條　契約本旨

甲乙雙方約定由甲方委任乙方爲受任人，由乙方受任處理有關甲方之生活、護養療治及財產管理等事務。

第二條　委任事務之範圍

本契約之委任事務範圍如下：

(一) 有關生活管理事項

照護安排甲方之生活，例如生活必需費用之取得、物品採購及日常生活有關事項；協助繳納相關生活照顧費用及其他稅費等。

(二) 有關醫療契約、住院契約、看護契約、福利服務利用契約及照顧機構入住契約等事項。

(三) 保管與財產相關之證件、資料及物品。

(四) 申請及領取甲方各項退休金、保險給付、津貼、補助，及辦理各項福利身分資格之取得與變更等事項。

(五) 有關財產管理事項
　　1. 管理甲方之財產並予以記帳。
　　2. 甲方死亡時，將所保管甲方之現存財產交付予甲方之全
　　　 體繼承人或遺囑執行人。
(六) 繼承事宜
　　甲方為繼承人時，處理甲方之繼承事宜，包含為繼承登記
　　程序、拋棄繼承權、遺產分割、以及行使受遺贈權、繼承
　　回復請求權、行使扣減權之辦理等事項。
(七) 處理甲方行政救濟、訴訟、非訟或訴訟外紛爭解決事宜等。
(八) 其他約定事項：（例如：接受法定繼承人查閱帳冊資料、
　　與親友會面之安排、信件拆閱、電子郵件之處理……。）

第三條　受任人執行職務

乙方於執行委任事務應以善良管理人之注意義務，以符合甲方
之最佳利益為之。有關執行甲方之生活、護養療治及財產管理
之職務時，如甲方得以語言或其他方式表達意願時，應尊重其
意思；如甲方不能或無法表達意願時，則依委任之意旨，綜合
考量甲方之身心與生活狀況，以符合甲方之最佳利益為之。

第四條　費用之負擔

乙方因處理本件甲方之委任事務而負擔必要之費用，由甲方之
財產負擔。

第五條　契約之終止

(一) 甲乙雙方均同意本契約因甲方受監護宣告時起即為終止。
(二) 乙方如於不利於甲方之時期終止本契約者，應對甲方負損
　　害賠償責任。

第六條　報酬

甲乙雙方同意乙方報酬如下：

□甲方於本契約生效後，就乙方處理有關生活事務之報酬金額
　為每月新臺幣（下同）＿＿＿＿＿＿＿＿元，並由乙方逕自所
　保管甲方之財產中支領之。

□不給付報酬。

第七條　複委任

乙方得複委任第三人辦理委任事務。

第八條　保密義務

雙方對本契約之內容，及因履行本契約所知悉他方之事項，均
應負保密義務。於本契約終止後，亦同。

第九條　爭議處理

因履行本契約所生爭議，雙方應先本於友好協商解決。如有進
行訴訟之必要，雙方同意以臺灣＿＿＿地方法院為第一審專屬管
轄法院。

第十條　其他約定事項

(一) 本契約一式二份，由雙方各執一份為憑。

(二) 本契約之約定如有未盡事項，悉依民法及相關法令處理。

立約人

甲方（委任人）：＿＿＿＿＿＿＿＿＿＿＿＿＿＿＿（簽名蓋章）

國民身分證統一編號：＿＿＿＿＿＿＿＿＿＿＿＿

地址：＿＿＿＿＿＿＿＿＿＿＿＿＿＿＿＿＿＿＿＿＿

電話：＿＿＿＿＿＿＿＿＿＿＿＿＿＿＿＿＿＿＿＿＿

乙方（受任人）：＿＿＿＿＿＿＿＿＿＿＿＿＿＿（簽名蓋章）

國民身分證統一編號：＿＿＿＿＿＿＿＿＿＿＿＿

地址：＿＿＿＿＿＿＿＿＿＿＿＿＿＿＿＿＿＿＿＿＿

電話：＿＿＿＿＿＿＿＿＿＿＿＿＿＿＿＿＿＿＿＿＿

西　元　　　　　年　　　　月　　　　日

身後事務處理契約

_____（下稱「甲方」）茲就委託_____（下稱「乙方」）辦理身後事務規劃、管理及執行，雙方約定如下：

第一條　甲方委託乙方就甲方身後事務（包含但不限於喪葬、遺物處理等）提供規劃諮詢，並執行甲方指示之規劃內容。

第二條　乙方同意基於甲方提供之資料，出具一份規劃意見書。乙方並同意依甲方指示，執行甲方規劃內容。

第三條　為確認甲方之規劃有無變更、乙方是否須啓動執行甲方規劃等情，乙方應以_____方式，每_____定期與甲方聯繫。

第四條　甲方應支付乙方之報酬及費用，約定如下：

　　　1.提供規劃諮詢意見書酬金：新臺幣（下同）_____元。

　　　2.協助執行甲方規劃之酬金：_____元。

　　　3.因執行甲方規劃所生之事務費用（包含但不限於政府行政規費、交通費等）實支實付。經甲乙雙方估算後，合意由甲方預付_____元，作為支付本項費用之用，如有剩餘，由乙方交付予甲方之全體繼承人或遺囑執行人；如有不足，乙方得向甲方全體繼承人或遺囑執行人請求支付。

第五條　乙方得複委任第三人辦理委任事務。

第六條　甲方完成規劃內容後，甲乙雙方應另行簽定本契約之補充協議，並於補充協議檢附該規劃內容，該補充協議及規劃內容均為本契約之一部。

第七條　甲方死亡後，本契約不因此而終止或消滅。甲方基於本契約所生之委託人權利義務，概由甲方全體繼承人所承繼。

第八條　甲乙雙方得於任何時期，以書面通知他方終止本契約乙方死亡、受破產宣告、受監護宣告或輔助宣告時，本契約自動終止。

第九條　雙方對本契約之內容，及因履行本契約所知悉他方之事項，均應負保密義務。於本契約終止後，亦同。

第十條　本契約未盡事宜，悉依中華民國法令解釋之。如因本契約爭議涉訟時，甲乙雙方同意以_____地方法院為第一審專屬管轄法院。

本契約一式二份，甲乙雙方各執一份為憑。

甲方（委任人）：＿＿＿＿＿＿＿＿＿＿＿＿＿＿
國民身分證統一編號：＿＿＿＿＿＿＿＿＿＿
地址：＿＿＿＿＿＿＿＿＿＿＿＿＿＿＿＿
電話：＿＿＿＿＿＿＿＿＿＿＿＿＿＿＿＿

乙方（受任人）：＿＿＿＿＿＿＿＿＿＿＿＿＿＿
國民身分證統一編號：＿＿＿＿＿＿＿＿＿＿
地址：＿＿＿＿＿＿＿＿＿＿＿＿＿＿＿＿
電話：＿＿＿＿＿＿＿＿＿＿＿＿＿＿＿＿

西　　元　　　　　年　　　　月　　　　日

執筆者介紹

	執筆時職務／學歷	執筆
黃三榮	萬國法律事務所資深合夥律師 日本國立名古屋大學大學院法學研究科碩士、博士課程中退	Chapter 1-1～1-3 Chapter 2-1～2-5 Chapter 3-1、3-3-7、3-4 Chapter 4-5 Chapter 6-1～6-2 附錄一
彭瑞驊	萬國法律事務所律師 國立臺灣大學法律研究所公法組碩士	Chapter 3-2 Chapter 4-1、4-3
林琮達	萬國法律事務所律師 國立中正大學法律學研究所博士班	Chapter 3-2、4-3
林妙蓉	萬國法律事務所律師 日本國立東京大學法學政治學研究科碩士（商法專攻）	Chapter 3-3-1～3-3-2 Chapter 4-4-1～4-4-2 附錄二
林柏佑	萬國法律事務所律師 國立政治大學法律學系財經法組碩士	
林子堯	萬國法律事務所律師 東吳大學法律研究所財經法組碩士	Chapter 3-3-3 Chapter 4-4-3
駱建廷	萬國法律事務所資深律師 美國賓州大學（University of Pennsylvania）法學碩士	Chapter 3-3-4 Chapter 4-4-4 Chapter 5-2
李維中	萬國法律事務所資深律師 國立臺北大學法學碩士（刑事法學組）	Chapter 3-3-5 Chapter 4-4-5 Chapter 5-3 附錄三、四

	執筆時職務／學歷	執筆
吳采模	萬國法律事務所助理合夥律師 日本一橋大學大學院經營法碩士	Chapter 3-3-6 Chapter 4-4-6 Chapter 5-4 附錄五、六
謝明展	萬國法律事務所律師 國立臺灣大學法律學系商事法學組碩士	Chapter 4-4-7 Chapter 5-5 附錄七
蕭千慧	萬國法律事務所資深律師 國立臺北大學公共行政暨政策學系學士	Chapter 3-3-8 Chapter 4-4-8 Chapter 5-6 附錄八
李育瑄	萬國法律事務所資深律師 日本早稻田大學法學研究科碩士	
王孟如	萬國法律事務所合夥律師 美國喬治城大學法學院國際經濟貿易法法學碩士 美國紐約大學法學院法學碩士	Chapter 4-2
		Chapter 5-1

萬國法律事務所
「超高齡社會法制研究會」簡介

1-1 緣起及宗旨

　　萬國法律事務所「超高齡社會法制研究會」由黃三榮律師於2019年發起設立，並由陳傳岳創所律師擔任會長，邀集就此議題有興趣投入之同仁，以醫療上意思決定為主軸，進行病主法等相關主題之研究，並進一步探討超高齡社會之財產管理及人身照護相關議題。

　　「超高齡社會法制研究會」所關注高齡者的法律議題，主要包含以下諸多層面：

(1) 高齡者之意思能力：涉及高齡者意思能力有無欠缺之認定（如罹患失智症時所為法律行為之效力）、當高齡者意思能力有欠缺時，可能產生之法律問題，以及如何預立意定監護契約。

(2) 高齡者之醫療：涉及高齡者接受醫療之決定，包括依病主法預立醫療決定、指定醫療委任代理人、依緩和條例書立安寧緩和醫療之意願書程序及問題，及醫療方式之選擇，如在宅醫療，甚至尊嚴死問題等。

(3) 高齡者之照護：涉及高齡者接受照護方式之選擇及相關問題，包括長照契約之簽訂、居家照護設備、人員之安排，及高齡者虐待之防止等。

(4) 高齡者之財產處理：涉及高齡者信託（包括安養信託、退休金信託、財產傳承信託，及指定信託監察人等）、保險（包括年金保險、醫療保險、長照／失能保險）、遺囑（包括遺產分配、遺贈、遺囑信託、指定遺囑執行人等）、其他財產管理處分（如逆向抵押房貸）、生前契約（百年後告別式等事項）之預先規劃、設立、執行、監督、稅務及相關問題。

(5) 高齡者就業之問題：涉及高齡者之勞動條件調整、工作歧視等。

1-2 組成成員

　　「超高齡社會法制研究會」由萬國法律事務所近 20 位律師同仁組成（截至 2021 年 11 月 30 日）。包括會長陳傳岳創所律師、多位合夥律師及律師。

1-3 例會主題

　　「超高齡社會法制研究會」固定每月舉行例會，由會員就特定議題，輪流提出報告後，再由出席會員就報告議題予以討論，交流意見。除此之外，亦不定期邀請所外專家學者及業界賢達蒞臨演講，持續充實會員專業知識、汲取學術及實務新知。歷年活動資料如下：

日期	主題	報告人
2019年1月11日	超高齡社會法制概觀	黃三榮資深合夥律師
2019年2月15日	醫療意思決定	黃三榮資深合夥律師
2019年3月15日	英國Mental Capacity Act簡介	駱建廷資深律師
2019年4月19日	試評病人自主權利法	李維中資深律師 彭瑞驊律師
	【邀請演講】 主題：病人自主權利法實務經驗推動分享 講者：臺北市立聯合醫院仁愛院區消化外科主治醫師兼一般外科主任許文章醫師	
2019年5月10日	超高齡社會的法律議題──「以房養老」之介紹及議題	陳誌泓合夥律師
2019年5月31日	【邀請演講】 主題：微霞與桑榆：面對老的定義 講者：台北榮總高齡醫學中心主任陳亮恭醫師	
2019年6月19日	AD之程序、內容、效力及變更	曾毓君資深律師
2019年7月10日	律師與醫療委任代理人	陳彥銘商標專員
2019年8月14日	論ACP之目的、主體、性質、定位與日本「關於人生最終階段的醫療照護決定過程之指導原則」之比較	李育瑄資深律師
2019年9月6日	美國法中之ACP──從紐約州法律觀察	郭曉丰資深律師
2019年10月23日	病人自主權之外國法制──美國	王孟如合夥律師 蘇宏杰助理合夥律師*

日期	主題	報告人
2019年11月27日	【邀請演講】 主題：面對生命末期的智慧——安寧療護和病人自主權利法的反思與討論 講者：樂山教養院張嘉芳院長	
2019年12月14日 2019年12月14日	【年終討論會】 超高齡社會法制研究會2019年RETREAT 主題：TPR (Thinking, Planning, Recording) for Aging	
2020年1月10日	HCA在做什麼？	黃三榮資深合夥律師
	（台）HCA與（美）Durable POA比較	王孟如合夥律師
	Lasting Power of Attorney under Mental Capacity Act (England & Wales)	駱建廷資深律師
	HCA與意定監護人之關聯	彭瑞驊律師
2020年2月14日	信託法制概述	蘇宏杰助理合夥律師* 吳采模助理合夥律師 李維中資深律師
2020年3月13日	【邀請演講】 主題：高齡者常見信託規劃與實務 講者：國泰世華商業銀行信託部陳美娟經理	
2020年4月10日	因疫情停止舉辦	
2020年5月8日		
2020年6月12日		
2020年7月17日	「迎向超高齡社會，您更需要律師」研討會	
2020年8月14日	【邀請演講】 主題：高齡化社會保險與信託 講者：台北富邦商業銀行股份有限公司信託部羅鈞安經理、富邦人壽保險股份有限公司簡宏鈞業務經理	

日期	主題	報告人
2020年9月11日	長照法制概述	蕭千慧資深律師 李育瑄資深律師
2020年10月16日	長照所涉法律議題	陳彥銘商標專員 林子堯律師
2020年11月13日	意定監護契約之法制、簽訂與執行——以我國法為中心	曾毓君資深律師
2020年12月12日 2020年12月13日	【年終討論會】 超高齡社會法制研究會2020年RETREAT 主題：律師於意思決定支援之角色	
2020年12月18日	【邀請演講】 主題：從裁判看資產傳承與遺族照顧 講者：國立臺灣大學法律學院黃詩淳教授	
2021年1月22日	高齡者事業傳承之部署——以股東權為中心	邱家慶律師* 林子堯律師
2021年2月19日	失智症患者意思表示之效力——財產行為	蕭千慧資深律師 李育瑄資深律師
2021年3月12日	專書出版檢討I	專書執筆會員
2021年4月9日	失智症患者行為對第三人之民事責任	吳采模助理合夥律師 駱建廷資深律師
2021年5月14日	因疫情停止舉辦	
2021年6月11日		
2021年7月9日		
2021年8月13日	【邀請演講】 主題：不動產傳承案例 講者：傳承地政士事務所賴宗炘地政士	
2021年9月10日	專書出版檢討II	專書執筆會員

日期	主題	報告人
2021年10月8日	失智症患者照顧者之責任	林柏佑律師 林妙蓉律師
2021年11月12日	失智症患者意思表示之效力 —— 身分行為	彭瑞驊律師 謝明展律師
2021年12月11日	【年終討論會】 超高齡社會法制研究會2021年RETREAT	
	失智症患者行為對第三人之刑事責任	林琮達律師
2021年12月17日	專書出版檢討III	專書執筆會員

註：＊標示者現已自萬國法律事務所離職。

Memo

Memo

Memo

國家圖書館出版品預行編目資料

迎向超高齡社會的超前部署——Let's Do
ATP!／萬國法律事務所著. -- 初版.
-- 臺北市：五南圖書出版股份有限公
司, 2022.02
面；　公分
ISBN 978-626-317-500-6（平裝）

1.高齡化社會　2.老年　3.生涯規劃

544.81　　　　　　　　　　110021804

4U28

迎向超高齡社會的超前部署
——Let's Do ATP!

作　　　者 — 萬國法律事務所

發 行 人 — 楊榮川

總 經 理 — 楊士清

總 編 輯 — 楊秀麗

副總編輯 — 劉靜芬

責任編輯 — 黃郁婷、李孝怡

封面設計 — 姚孝慈

出 版 者 — 五南圖書出版股份有限公司

地　　　址：106台北市大安區和平東路二段339號4樓

電　　　話：(02)2705-5066　　傳　　真：(02)2706-6100

網　　　址：https://www.wunan.com.tw

電子郵件：wunan@wunan.com.tw

劃撥帳號：01068953

戶　　　名：五南圖書出版股份有限公司

法律顧問　林勝安律師事務所　林勝安律師

出版日期　2022年2月初版一刷

定　　　價　新臺幣350元